新时代党小组长工作手册

侯少文　程宇松　张一淼　编著

中国言实出版社

图书在版编目(CIP)数据

新时代党小组长工作手册/侯少文,程宇松,张一淼编著.—北京:中国言实出版社,2021.9

ISBN 978 – 7 – 5171 – 3853 – 2

Ⅰ.①新… Ⅱ.①侯… ②程… ③张… Ⅲ.①中国共产党 – 基层组织 – 工作 – 手册 Ⅳ.①D267 – 62

中国版本图书馆 CIP 数据核字(2021)第 184828 号

新时代党小组长工作手册

总 监 制:朱艳华
责任编辑:王战星
责任校对:张 丽

出版发行:中国言实出版社
　　　　　地　　址:北京市朝阳区北苑路 180 号加利大厦 5 号楼 105 室
　　　　　邮　　编:100101
　　　　　编辑部:北京市海淀区花园路 6 号院 B 座 6 层
　　　　　邮　　编:100088
　　　　　电　　话:64924853(总编室)　64924716(发行部)
　　　　　网　　址:www.zgyscbs.cn　E-mail:zgyscbs@263.net

经　　销:新华书店
印　　刷:三河市元兴印务有限公司
版　　次:2022 年 1 月第 1 版　2022 年 1 月第 1 次印刷
规　　格:710 毫米×1000 毫米　1/16　15.5 印张
字　　数:210 千字

定　　价:48.00 元
书　　号:ISBN 978 – 7 – 5171 – 3853 – 2

中国共产党
党内统计公报

截至 2021 年 6 月 5 日，中国共产党党员总数为 9414.8 万名，比 2019 年底净增 323.4 万名，增幅为 3.5%。

↑ **3.5%**

中国共产党现有基层组织 486.4 万个，比 2019 年底净增 18.2 万个，增幅为 3.9%

↑ **3.9%**

基层党委 27.3 万个，总支部 331.4 万个，支部 427.7 万个。

党员队伍情况

党员的性别、民族和学历

 **28.8%** 女党员
2745.0 万名

 **7.5%** 少数民族党员
713.5 万名

 **52.0%** 大专及以上学历党员
4951.3 万名

党员的年龄

单位：万名

1255.3	1112.6	939.0	876.0	938.2	867.1	833.7	2693.0
30岁及以下的党员	31至35岁的党员	36至40岁的党员	41至45岁的党员	46至50岁的党员	51至55岁的党员	56至60岁的党员	61岁及以上党员

党员的入党时间

- 新中国成立前入党的 13.4 万名

- 新中国成立后至党的十一届三中全会前入党的 1455.5 万名

- 党的十一届三中全会后至党的十八大前入党的 6094.3 万名

- 党的十八大以来入党的 1951.6 万名

党员的职业

工人
（工勤技能人员）
648.1 万名

农牧渔民
2581.7 万名

**企事业单位
社会组织专业
技术人员**
1507.5 万名

**企事业单位
社会组织管理
人员**
1061.2 万名

**党政机关
工作人员**
777.3 万名

学生
306.7 万名

**其他
职业人员**
720.5 万名

离退休人员
1911.8 万名

发展党员情况

473.9 万名

2020 年 1 月 1 日至 2021 年 6 月 5 日共发展党员 473.9 万名，其中，2020 年 1 月 1 日至 12 月 31 日发展党员 242.7 万名，2021 年 1 月 1 日至 6 月 5 日发展党员 231.2 万名。

发展党员的性别、民族、年龄和学历

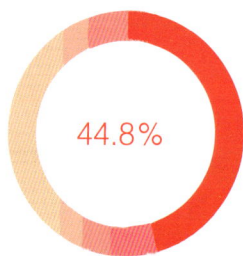

44.8%

发展女党员
212.4 万名

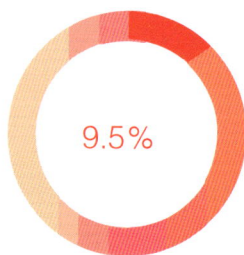

9.5%

发展少数民族党员
45.1 万名

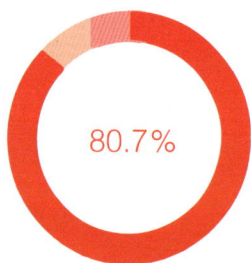

80.7%

发展 35 岁及以下党员
382.4 万名

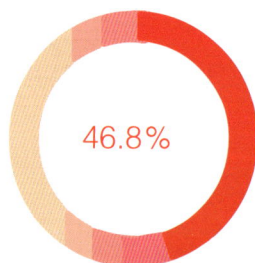

46.8%

发展具有大专及以上
学历的党员
222.0 万名

发展党员的职业

工人（工勤技能人员）27.3 万名

企事业单位、社会组织专业技术人员 68.5 万名

企事业单位、社会组织管理人员 49.8 万名

农牧渔民 79.5 万名

党政机关工作人员 27.4 万名

学生 187.2 万名

其他职业人员 34.1 万名

在生产、工作一线发展党员 247.0 万名

党内表彰情况

表彰先进基层党组织
15.3 万个

表彰优秀共产党员
77.3 万名

表彰优秀党务工作者
17.1 万名

2020 年 1 月 1 日至 2021 年 6 月 5 日

申请入党情况

截至 2021 年 6 月 5 日
全国入党申请人 2005.5 万名
入党积极分子 1005.7 万名

党组织情况

党的地方委员会

全国共有党的各级地方委员会 3199 个
——省（区、市）委 31 个
——市（州）委 397 个
——县（市、区、旗）委 2771 个

城市街道、乡镇、社区（居委会）行政村党组织

全国 8942 个城市街道、29693 个乡镇、113268 个社区（居委会）、491748 个行政村已建立党组织，覆盖率均超过 99.9%。

机关、事业单位、企业和社会组织党组织

全国共有机关基层党组织 74.2 万个，事业单位基层党组织 93.3 万个，企业基层党组织 151.3 万人，社会组织基层党组织 16.2 万个，基本实现应建尽建。

数据来源：中共中央组织部
共产党员网

目　录

第一章

党小组的性质、地位与作用

第一节　党小组的性质与地位

一、党小组是党支部的组成部分

党小组不是党的一级组织，而是在党支部直接领导下对党员进行教育管理的一种组织形式，是党的支部委员会的组成部分。

按照党章规定，中国共产党的组织系统为三级建制，即在中国共产党的整个组织系统中，划分为三级组织：党的中央组织、党的地方组织和党的基层组织。

党的基层组织是党的组织基础。根据 2017 年 10 月 24 日党的十九大通过的《中国共产党党章》（以下简称党章）第三十条的规定："企业、农村、机关、学校、科研院所、街道社区、社会组织、人民解放军连队和其他基层单位，凡是有正式党员三人以上的，都应当成立党的基层组织。""党的基层组织，根据工作需要和党员人数，经上级党组织批准，分别设立党的基层委员会、总支部委员会、支部委员会。"从十九大党章的这些明确规定中可以看出，党小组不是党的一级组织。它是党支部根据工作需要和便于活动而做的内部划分，是党支部的组成部分。党支部工作的任务、内容，决定、制约着党小组工作的任务、内容和具体实施。

在党员人数较多的党支部内划分出若干党小组，主要是因为党员人数较多的党支部，管理难度较大，如果党员的住地、工作场所再比较分散，经常以党支部为单位开展活动就有困难。党支部下面划分若干小组，便于把分散的党员组织起来；有些党支部不便集中组织的活动，可以通过党小组去组织实施；支部的决议和任务，有些也可通过党小组去传达、贯彻、落实。划分党小组有利于加强对党员的教育、管理，保证党支部各项任务的完成。

党小组作为党支部的组成部分，是保证党支部各项工作任务完成的重要环节。这里所说的重要环节，不是说党的支部与党员之间隔着党小组这一层组织，把支部的工作都推到党小组去组织实施，而是指党支部的决议、任务和具体工作传达落实到党员中去以后，党小组作为一个战斗集体要进一步通过各种活动，调动党员的积极性，保证党支部决议、任务和具体工作的贯彻实施。

既然党小组不是党的一级组织，而是党支部的组成部分，这就决定了党小组的工作隶属于党的支部工作。因此，党小组必须自觉接受党支部的直接领导，协助所在党支部加强党的建设，创造性地开展各项工作，只有这样，才能使党小组的作用得以充分发挥。

党小组不具有决策的权力，它的活动完全受党支部的领导和支配，根据党支部的布置创造性地开展工作。有的党支部把下属党小组视为一级组织，把一些应该由党支部集中组织的工作分散到党小组去做，甚至在吸收党员时用党小组会来代替支部大会，这是不符合十九大党章规定的，是对党小组的性质缺乏正确认识的表现。加强党的基层组织建设是提高党的战斗力的重要保证。党小组作为党支部的组成部分，虽然不是党的一级组织，但重视和发挥党小组的作用，对于充分发挥党员的先锋模范作用和党支部的战斗堡垒作用，都有着直接的影响。充分发挥党小组的作用，对于党的基层组织建设和社会基层组织的经济、政治、文化、社会和生态文明建设都有着十分重要的现实意义和深远的历史意义。

1. 党的历史上重视党小组的建立和建设

党小组作为党支部的组成部分，在党的建设和党的组织体系中占有重要地位。在我们党的历史上，一直十分重视党小组的建立和建设，强调和注重发挥党小组在党的组织建设、思想建设和作风建设中的作用。

在建党初期，我们党是把党小组作为党的基层组织提出来的。中国共产党第二次全国代表大会通过的党的章程明确规定："各农村、各工厂、各铁路、各矿山、各兵营、各学校等机关及附近，凡有党员三人至五人均得成立一组，每组公推一人为组长，隶属地方支部。""各小组组织，为本党组织系统，训练党员及党员活动之基本单位，凡党员皆必须加入。"可见，在我们党的创立初期，党小组是作为党的基层组织提出来的，党小组在党的建设和党的组织体系中都占有突出重要的地位。这种建制在党的创建初期是有利于党的组织建设的。

然而，随着党的组织建设的发展，特别是党员队伍的不断壮大，迫切要求在基层组织中建立和形成强有力的组织系统和领导机构，以保证党的路线、方针、政策的贯彻落实。在这种情况下，党小组的建制形式已经很难适应加强党的基层组织建设的需要。根据这种状况和形势发展的需要，党的第四次全国代表大会通过的《中国共产党第二次修正章程》中规定，在基层党组织中建立党支部，"每支部公推书记一人或推三人组成干事会"，以加强党对基层工作的领导。与此同时，章程也对党小组的建立作出了明确的规定："支部人数过多时，得斟酌情形分为若干小组，每组设组长一人，由支部干事会指定之。"从这时候开始，党小组就成为党支部的组成部分，不再作为党的一级组织。在中国共产党第七次全国代表大会和第八次全国代表大会通过的《中国共产党党章》中都规定，党的支部下面可以划分小组，这些规定进一步强调了党小组的性质和地位。

2. 党小组是把党员组织起来的重要基础

由于党小组是在党支部领导下，负责对党员的管理和组织工作，因此，党小组是把党员组织起来的重要基础。刘少奇同志在《论党》一文中指出："在一个工厂或农村中，仅有三个党员在一起，这还不是党的组织，还必须按民主集中制组织起来。在通常的情况下，这三个党员中必须有一个组长，其余两个是组员，即在各种活动中有一个是领导者，两个被领导者，才能成为党的组织。"一般来说，党支部作为党的最基层组织，是把广大党员组织起来的基础，但是，在党员人数较多的党支部，特别是党员的居住地点和工作地比较分散，不便于集中组织党内活动的党支部，则需要党小组把党员组织起来。这样，通过加强党小组的工作，就可以把分散的党员组织结合在一起，形成一个有统一意志、统一行动的坚强的战斗整体。因此，从这个意义上讲，党小组也是把党员组织起来的重要基础，对于形成和发挥党组织的战斗力具有十分重要的功能和意义。

3. 党小组是保证党支部工作任务完成的重要环节

党小组作为党支部的组成部分，是保证党支部的各项工作任务得以胜利完成的重要环节。这里所指的重要环节，并不是说党小组是党支部与党员之间隔着的一层组织，任何支部工作都要推给党小组去具体的组织实施，而是指党支部的决议、任务和具体工作目标直接传达到党员中去之后，党小组作为一个战斗集体，要进一步通过各种活动，调动党员的积极性，来保证党支部的决议、任务和具体工作目标的贯彻实施。尤其是对于一些由于各种条件、环境的限制，党支部不便组织的党内活动，可通过党小组去组织实施。在党员工作环境比较分散的党支部中，支部的决议也可以由党小组去传达落实和组织实施。因此，只有使党小组真正成为党的支部工作的重要环节，才能使党支部的战斗堡垒作用得到更好的发挥。

二、党小组同其他组织的关系

党小组与行政班组、村民小组不是领导与被领导的关系。党小组与行政班组、村民小组分别受所在支部和行政组织直接领导。党小组长和党员应积极协助行政班组和村民小组的负责人做好群众思想工作，团结所在行政班组和村民小组的群众一同出色地完成各项任务。

在一个行政单位内，除建立党小组外，一般也都分别建立工会小组和团小组。因为党小组不是党的一级组织，因此，党小组同本单位的工会小组、团小组也不是领导和被领导的关系，而是在党支部统一领导下，从不同方面进行工作的相互配合的关系。党小组、工会小组、团小组虽然分别受所在单位党组织、工会组织、团组织领导，但是，党小组应在支部统一布置下，通过积极工作，影响、带动和支持工会小组、团小组的工作。

第二节　党小组的设置

一、划分和建立党小组的原则

划分和建立党小组是从党的建设的实际情况出发的，其原则有以下五方面。

1. 划分党小组要有利于党员的管理和教育

划分和建立党小组是为了组织党员认真学习马克思列宁主义、毛泽东思想、邓小平理论、"三个代表"重要思想、科学发展观、习近平新时代中国特色社会主义思想，学习、领会党的路线、方针、政策和决议，并且认真地贯彻执行。扎实抓好党员队伍建设，坚持不懈地提高党员素质，不断提高党性修养和加强党性锻炼，促进党员先锋模范作用的发挥，以保证上级党组织和党支部决议的贯彻落实，推动党的建设和党的各项工作的开展。

党小组是把党员组织起来和贯彻党支部决议的战斗集体。党小组的划分必须有利于党员的管理和教育，有利于协助党支部开展党内各种活动，有利于加强党的基层组织建设。

2. 划分党小组要有利于党内开展活动

划分党小组时，要从党小组的灵活、精干的特点出发，从实际情况出发，坚持有利于党内开展活动的原则。因为党小组比党支部更能具体、细致地了解和掌握党员的思想、工作、学习和生活实际情况，更有利于把党小组内的党员集中起来，更方便地组织和开展党内各种活动。

在划分党小组过程中，由于各单位具体情况不同，工作性质、环境、条件也不同，在所有制和经营方式等方面也存在差异，这就决定了划分党小组时不能以一个模式、千篇一律地去划分，而应当实事求是。要根据党员的数量、工作需要、党员的素质和党员分布情况来划分党小组。总之，划分党小组要采取灵活的方式，使党内各项活动都能正常开展起来。

3. 每一个党员都要编入党小组

党员的职务和工作虽然有所不同，但没有高低贵贱之分，党内不允许有特殊党员。因此，包括党支部书记、支部委员和党的组织关系在本支部的党员领导干部在内的所有党员，都应编入一个小组过组织生活。同时，为了使党的领导干部能有更多的机会联系群众，接受党内的民主监督，担任领导工作的党员不宜单独划分一个小组，而应将他们分别与普通党员编在一起过组织生活。

4. 临时党小组和联合党小组的建立

临时党小组是根据某种临时需要而组建的党小组。如果有党员外出执行某项临时性任务，短期学习或务工经商等，人数达到三人以上，其中至少有一名正式党员，就可以建立临时党小组。建立临时党小组对于临时外出的党员开展活动，加强对这些党员的管理和教育，都具有重要的意义。

联合党小组是把两个或几个单位的党员组织在一起建立的党小组。在党员人数不足三名，没有条件单独建立党小组的生产单位、工作单位、行政单位、战斗单位和各种其他类型的单位和社会团体中，都可以本着方便活动、工作性质相近、居住地或工作地邻近等条件，建立联合党小组。在街道、社区和农村乡镇企业中，这种联合党小组是党员活动的比较普遍的形式。联合党小组有利于把分散的党员组织起来，集中开展活动，使党员在党的组织生活中得到锻炼和提高，更好地发挥先锋模范作用。

5. 建立党小组的批准权限

因为党小组不是党的一级组织，所以，建立党小组，可由党的支部委员会研究决定，不必报请上级党组织批准。但为了使上级党组织能了解情况，支委会应将本支部党小组组建情况报告上级党组织。

二、划分和建立党小组的依据

1. 根据党员数量划分党小组

每个党支部在划分党小组时，都要考虑支部内党员的人数。党小组的党员人数最低不能少于三人，而且其中至少要有一名正式党员。党员不足三人的，可与邻近其他单位的党员合编成立党小组。党员人数少的党支部，也可不设党小组，由党支部具体组织党员活动。

2. 根据行政隶属关系划分党小组

各党支部在划分党小组时，应尽量同本支部内的行政、生产、教学和科研等单位的划分相一致。行政内部的科、室、组，党员数量符合划分党小组条件的，就应该就近、就便、就地建立党小组。这样有利于开展党内活动，有利于党员的生产和工作，有利于管理和教育党员，有利于更好地配合行政、生产、教学和科研等单位完成各项工作任务，更好地发挥党员在生产和生活中的模范带头作用。

一般来说，党政机关、事业单位应以科室为单位划分党小组；企业应以车间、工段或班组为单位划分党小组；学校和科研单位应以教研室、研究室和班级为单位划分党小组；部队以排为单位划分党小组；社区、城镇街道应以居民小组、楼栋为单位划分党小组；农村应以村民组或按行业、按居住情况划分党小组。

3. 适应新形势的需要划分党小组

随着社会主义市场经济体制的建立和发展，为更好地开展党的活动和发挥党员的先锋模范作用，在划分党小组时，要注意适应变化了的新情况。如随着企业经营机制的转换，一部分党员将在新的社会组织、生产组织中以新的方式从事活动和生产；在乡村，随着改革的深入，新的生产经营组织蓬勃发展，这些党员再在原来的党小组中过组织生活显然有诸多不便。因此，在划分党小组时，一定要充分考虑如何适应新的形势，从有利于对党员的教育，有利于提高党员的素质，有利于更好地发挥党员的先锋模范作用，有利于改革开放的顺利进行出发，不断探索更科学的党小组划分方法。近年来，一些党组织在这方面创造了一些经验。如对市区个体工商户中的党员，按照工商行政管理所管辖的范围或他们所在街道办事处管辖的范围建立党小组；对农村的经济联合体中的党员和进城务工经商的党员，根据党员人数多少，按行业和从业地点远近划分党小组等。离退休的党员和暂时下岗的职工党员，按他们居住的社区，划分到社区支部的党小组。这些做法是积极的、有益的，应在实践中不断总结、提高、完善。

第三节　党小组的作用

党小组作为党支部的重要组成部分，它的存在和发展，对于加强党支部的思想、组织和作风建设，对于党支部提出的各项工作任务的有效落实和各项活动的顺利开展，对于党支部战斗堡垒作用和党员先锋模范作用的发挥，对于影响和带领广大群众贯彻党的路线、方针、政策，都有着至关重要的意义。

一、直接联系群众的桥梁和纽带作用

密切联系群众，在群众中宣传党的路线、方针、政策和各项决议，调动群众的工作积极性和热情，这是基层党支部的一项经常性工作。党支部要做好这项工作，必须充分发挥党小组直接联系群众的桥梁和纽带作用。党小组是党在社会基层单位，如企业、农村、机关、学校、科研院所、街道社区、社会组织、人民解放军连队和其他基层单位中建立的党员结合体，它直接植根于人民群众之中，同广大人民群众有着最广泛、最直接、最密切的联系。通过党小组的有效工作，有助于把党支部的决议和任务传达贯彻到群众中去，化为广大群众的自觉行动，并组织群众为实现党支部的决议和任务而努力奋斗。

党小组在沟通党支部与广大群众联系中的桥梁、纽带作用还表现在：因为党小组直接置身于群众之中，因此，一方面，党的路线、方针、政策要通过党小组的宣传、组织工作，传达贯彻到广大党员群众中去，并通过党员群众的具体实践才能得到落实；另一方面，便于经常了解党员、群众的情绪，把握他们的愿望和要求，特别是熟知他们对党的建设情况的评价和对党支部班子的意见。党小组及时把这些情况反映给党支部班子，使党支部能够及时地、经常地了解群众的意见和要求，并根据群众正确的意见和要求，制定出正确的决策。另外，党的全心全意为人民服务的宗旨，只有靠党员的积极工作，才能落到实处。而党员的日常管理、教育和先锋模范作用的发挥，都要在党支部的领导下，通过发挥党小组的作用来实现。没有党小组的工作，党支部就无法把党员组织成为战斗集体，党支部的领导作用也就不能发挥出最佳效果。由此可见，通过党小组的有效工作，就能推动和促进党支部与群众的联系和接触，使党群关系密切，党的群众路线也就能更好地坚持、贯彻和落实。

二、宣传和组织作用

党支部的决议，有的可直接贯彻到党员中去，有的可通过党小组去贯彻落实；党支部的任务，有的可直接布置给党员，有的可通过党小组去布置。但是，不论是直接还是间接，都不可忽视党小组的宣传、组织作用。党支部应加强对党小组的领导，依靠党小组开展各项工作。比如党支部制订工作计划、进行工作总结、改选支部委员会、评选优秀党员、发展积极分子入党、处分犯错误党员等，一般都要先经过党小组认真酝酿、充分讨论、提出意见，供党支部参考。特别是党支部的一些具体而又分散的党内活动，如党员联系户活动、党群共同致富小组活动、党员责任区活动、党员立功竞赛活动、党员目标管理活动等，更离不开党小组的具体组织和落实工作。

三、教育管理作用

发挥共产党员的先锋模范作用，这是党的先进性的客观要求，尤其在发展社会主义市场经济的过程中，更显重要。党员的先锋模范作用包括如下方面：带头作用，即党员要在生产、工作、学习和社会生活中成为群众的表率和核心；桥梁作用，即党员要及时地把党的决议向群众宣传，并把群众的意见和要求向党组织反映。而党小组作为党支部的组成部分，作为一个战斗集体，在指导每个党员自觉地加强党性修养，不断提高自身素质方面起着重要的作用，这对于推动党员先锋模范作用的发挥具有重要的意义。因为党小组的经常性工作就是在党支部的统一领导下，协助党支部做好对党员的教育管理工作，通过定期召开党小组会和组织生活会等形式，组织、指导、监督党员经常学习马克思列宁主义、毛泽东思想、邓小平理论、"三个代表"重要思想、科学发展观、习近平新时代中国特色社会主义思想，经常进行认真地反省、检查自己，开展批评与自我批评，不断地克服缺点和不足，提高党员思想政治素质，增强党员工作能力，使党员在生产、工作、学习和社会生活中充分发挥先锋模范作用。

第四节　党小组的工作重点

党的基层组织无论处于哪个领域，其基本任务都是党章所规定的八项内容。党小组是党支部的组成部分，它的任务也是如此，从基本方面来说是一致的。但由于工作环境、工作性质的不同，不同的战线有不同的特点和具体工作，所处的环境、条件也不尽相同，因此，党小组的工作重点也有所差异。

一、企业党小组的工作重点

要全面提高企业的经济效益和社会效益，要适应社会主义市场经济发展的需要，就要从根本上改革束缚生产力发展的经济体制，完善社会主义市场经济体制。与此相适应，要进行经济、政治体制和其他领域的改革，建立现代企业制度，增强企业活力和竞争力。党小组就要围绕这一中心进行工作和开展活动，保证企业改革的顺利进行，保证生产经营任务的完成，保证党的路线、方针和政策在企业贯彻执行。在党支部的领导下，搞好企业党小组的建设，教育党员以自己的模范行动带领群众参与企业的改革，完成企业的各项生产任务。在合资企业中的党小组要保证监督党和国家关于中外合资企业的方针、政策、法规、法令在企业的贯彻执行。在私营企业中的党小组要保证党和国家关于私营经济发展的方针、政策的贯彻执行。

二、农村党小组的工作重点

农村党小组的工作要协助党支部做好宣传和贯彻执行党在农村的

各项方针、政策的工作，并且能因地制宜，根据实际情况去具体实施。具体要求主要有以下几个方面：

（1）要全面加强农村生产力建设，针对制约农村生产力发展的突出问题，抓住关键环节，采取综合措施，加强粮食综合生产能力建设，加快农业科技进步，加强农村基础设施建设，加快转变农业增长方式。

（2）要坚持把促进农民增收作为农业和农村工作的中心任务，挖掘农业内部增收潜力，广辟农村富余劳动力转移就业途径，形成农民增收的长效机制。

（3）要扩大农村基层民主，搞好村民自治，健全村务公开制度，开展普法教育，确保农民群众依法行使当家作主的权利。

（4）倡导文明健康的生活方式，提高农民的思想道德水平，移风易俗，提倡科学、文明、法制的生活观，加强农村的社会主义精神文明建设，培育造就新型农民。

（5）要坚持以解决好农民群众最关心、最直接、最现实的利益问题为着力点，促进农村和谐社会建设，关心农村困难群众生活，发展农村卫生事业，加强农村社会建设和管理。

（6）要坚持社会主义市场经济的改革方向，稳定和完善农村基本经营体制，统筹推进农村各项改革，充分尊重农民群众的首创精神，全面增强农业和农村发展活力。

三、学校党小组的工作重点

学校中的党小组要围绕全面完成教育计划，培养"四有"新人来进行工作和开展活动。要认真贯彻执行党的各项政策和教育方针，围绕提高教学质量做好思想政治工作，加强共产主义理想、道德和为人师表的教育，以党员的模范行动带动其他教师，做到按党的教育方针教书育人。大专院校的党小组要协助党支部做好学生向专业工作者转化的工作，教育学生严格遵守国家法律、法令和学校的一切规章制度。学生党员在这些方面要起到模范带头作用。

四、机关党小组的工作重点

各级党和国家机关，肩负着制定和执行政策的重要责任，肩负着各个领域的宏观指导和管理职能。在党和国家各级机关工作的党员，是整个党员队伍的骨干部分，他们的政治素质、思想作风、道德品质、业务水平和工作能力如何，将对党的执政地位、执政水平和各项任务的完成产生直接影响。因此，机关单位的党小组要协助党支部教育、引导党员多为群众办好事、办实事，做到权为民所用、情为民所系、利为民所谋，以求真务实作风推进各项工作。不断纠正"四风"，坚持为人民服务的宗旨和廉洁奉公的作风，发挥先锋模范作用。要抓好机关党的政治、思想、组织、作风和纪律建设，把制度建设贯穿其中。加强对党员和干部的教育和管理工作，提高党员贯彻落实习近平新时代中国特色社会主义思想的自觉性，增强党性，严肃党纪，保持党组织的先进性。

五、街道、社区党小组的工作重点

街道、社区在城市管理、社区服务，保持社会稳定，促进经济和各项事业的发展，加快推进中国特色社会主义建设，构建和谐社会中，担负着重要任务。发挥街道、社区党员的先锋模范作用，是加强和改善党对街道、社区工作的领导，增强街道、社区基层党组织战斗力的重要条件。街道、社区党小组要根据街道、社区工作的性质和特点，自觉做好工作，发挥作用。主要应做到：

（1）带头宣传贯彻党的路线、方针、政策和国家的法律法规，团结、组织群众，保证党和政府的各项任务在街道、社区内顺利完成；在街道、社区党组织和政府领导下，组织党员搞好城市管理、社区服务、社会保障、经济发展、社会治安等工作。

（2）密切联系群众，及时反映居民群众的意见和要求，做好群众工作，着力保障和改善民生。

（3）满腔热情地带领党员搞好社区服务，以周到、温暖的服务。

（4）带头倡文明、树新风，自觉同社会上各种丑恶现象和不正之风作斗争，带动群众积极维护街区的社会治安和稳定。积极促进邻里团结，搞好"文明街区""文明家庭"建设，主动做好各种有益的社会工作。积极支持和参加社会治安综合治理工作。

第二章

党小组长的产生

第一节　党小组长的产生

党小组是党支部的组成部分，是由所在党支部划分出来的。既然有党小组的划分和设置，就得有人对党小组的工作负责。所谓党小组长，就是对党小组工作负责的人。党小组长是党支部开展工作的得力助手，是完成和落实党支部各项工作的骨干。党小组长一般由所在党小组的党员选举产生，但在以下三种情况下可以由党支部指定：一是临时组建的党小组，由于建立时间短，党员之间不是很熟悉，可以指定；二是联合党小组，由于组建时党员不熟悉，可以指定；三是党小组只有一名正式党员，其余的均为预备党员，只能指定正式党员担任党小组长。党小组长的任期同党支部委员会相同。在党支部改选的同时，改选党小组长。

党小组一般只设党小组长一人，如果所在党小组党员人数较多，党员的工作岗位较分散，或工作需要，也可以增设副组长一人，协助党小组长工作，在组长不在时负责本小组工作。党小组长如因工作、学习或从事经营等外出，时间较短没有转移组织关系，选有副组长的，小组工作由副组长负责；没有副组长的党小组，可由党员推选一位同志或由支委会指定一位同志临时负责。时间较长，转移了组织关系的，应另选党小组长。

一、党小组长的任职条件

党小组长是党小组的负责人，是党小组活动的具体组织者，是党支部开展工作的得力助手，是党的基层工作的骨干。因此，党小组长应由比较熟悉党的基本知识、能密切联系群众、有一定的党性修养、有一定的组织能力、有较强的事业心和责任感并虚心好学的正式党员担任。

预备党员不能担任党小组长。因为预备党员刚进入党内不久，对党的基本知识掌握得还不够，党的生活也还不甚熟悉，还没有选举权、被选举权和表决权。同时，党组织还要对预备期间的党员进一步考察和教育，而这种考察与教育又往往由所在党小组承担一定的工作。所以，预备党员担任小组长是不适宜的。

受留党察看处分的党员不能担任党小组长。在留党察看期间没有表决权、选举权和被选举权。留党察看期满恢复了党员权利，或受过其他党纪处分但已改正了错误的党员，经党员选举可以担任党小组长。受党内警告处分、严重警告处分的党员，可以继续担任党小组长。但如果多数党员有意见，认为应该更换的，也可另选党小组长。

编入党小组的上级党组织的负责人，一般不兼任党小组长。兼职过多，会影响履行主要职责，也不利于上下的监督。支部委员也以不兼职为好。如果有必要兼职，要考虑对所担负的工作有无影响，有无做党小组工作的时间和精力，是否体现了本小组党员的愿望和要求。

作为党员的行政负责人，如厂矿的车间干部和班组长、农村的村干部和村民小组长、街道社区干部和居民组长等，只要符合担任党小组长的条件，本人有做党小组工作的时间和精力，经党小组党员的选举，可以担任党小组长。党员行政负责人兼党小组长，可以使党的工作和行政工作更好地配合，因此，能够兼职的应该提倡兼职。

二、推选党小组长要充分体现民主

选好党小组长，关键是在推选时要把握两条，一是要坚持条件要求；二是要体现民主。

有了一个明确具体的条件要求，就为党小组长的产生指明了依据和方向。但是，要保证推选的效果，还必须注意把握好具体的操作过程的前提下体现民主原则。

党小组长应由所在小组的党员推选产生，在特殊情况下，也可以由党支部指定。一般选小组长一人，如果党员人数较多，工作岗位分散，或者工作需要的，也可增选副组长一人。在推选过程中，一定要严肃认真，充分体现选举人的意志。在推选开始前，先要把当选党小组长的条件告诉大家，让大家都明了应该推选什么样的人。推选具体名单时，要保证人人都能畅所欲言地发表意见。要经过充分酝酿讨论，选举产生出大多数党员满意或比较满意的人来担任党小组长。任何组织或个人，不得以任何方式强迫党员选举谁或不选举谁。要防止个别领导人把自己的意志强加给大多数党员的现象。

为了能充分体现选举人的意愿，选举一般采用无记名投票的方式，亦可采用举手表决的方式。最后，坚持少数服从多数的原则，由得票最多者当选。

第二节 党小组长的地位

一、党小组长与所在小组党员的关系

党小组长与所在小组党员之间不是领导与被领导的关系，而是平等的关系。但是，党小组长是由本小组党员选举产生的，他对党小组的工作起着召集作用，有责任组织党员参加本小组的活动，也有权利指导、检查本小组党员的工作、学习情况。所以，每个党员都要支持、协助党小组长工作。党小组长要注意不能个人说了算，不能凌驾于党员之上、发号施令，或将自己的意见强加于人，而是应发扬民主作风，有事多和党员商量，多征求党员意见，依靠大家共同搞好党小组的工作。

二、党小组长与支部委员会的关系

支委会在支部党员大会闭会期间，负责支部的经常工作，是支部的领导机构，党小组是支部的组成部分，党小组应接受支委会的领导。支委会与党小组长是领导与被领导的关系。党小组长的工作与支委会有着密切的联系，党小组长需要支委会的指导与帮助；小组长的工作做好了，做好支部工作也就有了坚实的基础。因此，支委会要关心和支持党小组长做好工作，认真倾听他们的意见，了解并帮助解决各种困难。党小组长要认真执行支委会的决议和决定，完成支委会布置的工作任务，经常汇报小组工作以及党员和群众的情况。

三、党小组长与支部书记和支部委员的关系

支部书记和支部委员受支委会的委托，向党小组传达上级指示、支委会决议、布置和检查工作时，他们是代表支委会的，与党小组长是领导与被领导的关系。支部书记和支部委员如果没有受支委会的委托，而是以普通党员的身份参加所在小组的活动时，他们与党小组长则是平等的关系，他们在党小组会上的发言只是一个普通党员的意见。在平时的工作中，支部书记和支部委员要与党小组长密切联系，及时向党小组长传达上级指示和支部委员会决议，布置检查工作，了解党小组长工作与学习情况，帮助他们解决实际困难。同时，积极参加所在党小组的各项活动，及时向党小组汇报完成工作的情况，虚心听取党小组的批评，主动接受党小组的监督检查，用自己的模范行动去带动全体党员贯彻执行支部的决议。党小组长应主动接受支部书记和支部委员的指导与帮助，经常地向支部书记和支部委员汇报工作、反映党内外群众的思想和意见。党小组长在小组的各项活动中，可根据实际情况，给编在本小组的支部书记、支部委员及其他党员领导干部分配一定的工作，并且像检查党小组的其他党员一样，检查他们完成这些工作的情况。

第三节　党小组长必备素质要求

一、必须具有很强的党性观念

党性观念，就是共产党员自觉按照中国工人阶级、中国人民和中华民族先锋战士的标准来严格要求自己，锻炼和改造自己的观念。实践证明，一个党性观念强的党小组长，能够比较自觉地按照党的路线、方针、政策和上级党组织的决议、指示办事，自觉地按照党章规定的基层党组织的八项基本任务，抓好党小组的自身建设，充分发挥党员的先锋模范作用，做好群众的思想政治工作，党小组也就有了战斗力、凝聚力和号召力。因此，党小组长的党性观念强不强，不仅关系到本人能否在新形势下做一个合格党员，而且关系到他所在的党小组能否团结带领小组党员保证各项工作任务的完成。党小组长要在学习和工作中，加强党性锻炼和修养，不断增强自己的党性观念。

第一，加强理论学习，坚持理论联系实际，自觉地运用马克思主义的立场、观点、方法去分析和处理问题。只有以先进的思想武装头脑，才能明确前进的方向，才能提高自己增强党性修养的自觉性。

第二，要不断树立为共产主义奋斗终身的决心。无论在任何情况下，都要坚定共产主义信念，把实现党的最高纲领同实现党在各个历史阶段的任务紧密结合起来，努力做好本职工作，为共产主义事业自觉地、无私地贡献自己的一切。

第三，提高贯彻党的路线、方针、政策和决议的自觉性。能不能把党的路线方针、政策和决议贯彻好，是检验党员和党小组长能否同中央保持一致和有没有党性的重要标志。如果对党的方针、政策和决议采取随心所欲，或者采取"上有政策，下有对策"的态度，就是没有党性和党性不纯的表现。

第四，党小组长要用党员标准严格要求自己。对一些不良现象要勇敢地站出来，做积极的、坚决的斗争；要以普通党员身份参加所在党小组和支部的各种活动，自觉接受党组织的教育、管理和监督。

第五，要有奉献精神。党小组长的工作是很辛苦的。有人说党小组长是"三无干部"：一无职、二无权、三无时间，许多工作要利用业余工余、班前班后，找时间、挤时间去干，这就难免影响自己的休息、家务等。作为党小组长，就要具有一定的自我牺牲精神。在荣誉、好处、实惠面前，公而忘私，不斤斤计较个人的得失。一事当前，先替别人打算，时时刻刻把集体的事情挂在心上。

二、必须在业务上起到骨干和示范作用

作为党小组长，还应该是本职工作的内行，是工作和生产上的骨干。党小组长并不是脱产的管理干部，其本身都有自己具体的工作、生产、科研、教学等岗位。许多事情还要靠自己亲自去做，这是党小组长工作的一大特点。当一名党小组长，要对业务工作了解、熟悉、精通，那么，在安排小组活动计划时，就不会脱离实际；讲起话来，就会说到点子上。因此，作为一名党小组长，应该是工作上的模范，生产上的骨干，学习上的优秀者。总之，在各自的工作岗位上，起到骨干和示范作用。

三、党小组长要善于联系和服务群众

党小组处在各行各业的第一线，党小组长同群众接触和交往十分密切，每天在一起工作学习，经常要面对面地做周围群众的思想政治工作。大量日常性工作要由小组长带领党员、群众直接去干。这就决定了党小组长更应具有党的群众观点，更要善于联系群众，服务群众，忠实地执行党的群众路线，把党的群众路线实践工作深入贯彻和落实好，做到踏石留印，抓铁有痕。

党小组长应和群众打成一片，善于同他们交朋友，这就需要心胸开

阔，豁达大度，宽容待人；应该富有感情，乐于助人，关心体贴人。总之，要让群众感受到你是他们的知心朋友，才会扎根于群众之中，与群众打成一片。善于联系群众、服务群众，是党小组长应具备的素质之一。

四、要真正熟悉和了解党的基本知识

党的基本知识，首先包括党的性质、宗旨、指导思想、奋斗目标、组织原则、作风和纪律、党员的权利和义务等方面的知识，这些内容在党章中都有原则规定。有关党的活动和党内关系的许多具体问题，诸如：党员的发展、管理、教育；党的基层组织的设置、地位、任务、选举；基层党务工作的程序；党费的收缴、管理；入党积极分子的培养、考察；党员的奖惩处分；等等，也是党的基本知识的重要内容。对于这些基本知识，党小组长都应了解它、熟悉它、掌握它。因为许多内容是党小组长工作经常涉及的。如果对这些知识不熟悉、知之甚少，必然影响党小组工作的开展，影响党支部决议和安排的落实。这样的党员是不适宜做一名党小组长的。

五、必须具有一定的知识文化水平

当一名党小组长，要具有一定的文化水平。在科学技术迅速发展的今天，文化知识显得越来越重要。可以说，没有一定的科学文化知识，几乎寸步难行。目前，党员结构发生了很大变化，年轻人越来越多，文化水平不断提高，管理工作正日趋现代化。因此，必然对党小组长的文化水平提出更高的要求。

当一名党小组长，应当具有一定的政治理论知识、法律知识，从事本职工作所需要的专业知识，一般的数学、物理、化学、历史、地理等基础文化知识，还要掌握一定的与党的建设相关的其他学科（如心理学、领导学、社会学等）的知识，有条件的，还应懂一点外语和计算机。一般说来，当一名党小组长应该具有高中、中专（或同等学力）以上文化水平。

六、要善于引导和组织开展工作

党小组长看起来"官儿"不大，但管事不少。既然是小组的带头人，不仅要求自己能够以身作则，还要善于引导和组织全小组的同志，把全组党员发动起来、带动起来，把大家的积极性、创造性调动起来，使每一个党员的智慧、才干，都能得到充分发挥和施展，形成合力，去出色地完成党小组的各项任务，这并不是一件容易的事。需要有一定的组织能力。否则，党小组的工作、各项活动就难以开展起来。因此，组织能力，是推选党小组长时不能不考虑的重要条件之一。

七、党小组长要具有一定的说服教育能力

说服教育能力，是指通过摆事实、讲道理，启发开导群众克服种种思想矛盾，提高思想觉悟的能力。党小组长是党小组工作的组织者，其大量的工作是宣传群众，教育群众，解决群众的思想问题。因此，党小组长要加强说服引导能力的锻炼，在坚持实事求是的科学态度的基础上，努力做到以下几点：

第一，要广泛开辟言论渠道，创造条件让群众畅所欲言，然后帮助群众实事求是地认识和分析问题。对正确的意见和思想要给予采纳和支持；对不正确的意见和思想给予解释、教育和批评。

第二，要心平气和、耐心细致地做群众的思想工作，通过具体情况讲清大道理，不搞空洞说教。

第三，要摸准群众的思想脉搏，善于根据不同对象、不同问题的特点，运用不同的方法。要敢于回答群众普遍关心而又认识模糊、亟需解决的问题。

第四，要坚持说服，不搞压服。对于思想认识问题，要耐心等待，不要急于求成。

八、党小组长要具备很强的表达能力

表达能力，是指通过各种方式，把自己的思想、知识、情感、意

愿表示出来，影响对方，形成共同的经验、共同的语言和共同的感受的能力。它包括口头表达能力、文字表达能力和行为表达能力。党小组长承担着教育和带领党员去宣传、组织群众，以贯彻落实党的路线、方针、政策，实现党的任务的职责，其表达能力如何，直接关系到小组工作的效率和效果。党小组长表达能力强，能够在工作中运用精练的文字、简洁的语言，把意见表达清楚，让别人很快地理解和掌握；可以在讨论、研究、处理问题时，直接地、深刻地揭示主要矛盾，简明扼要地提出工作任务和工作方法；能够引起情感交流，使群众直接受到感染，引起共鸣，在思想感情上同党组织贴近。因此，党小组长必须加强表达能力锻炼，掌握这个基本功。

第一，完善知识结构。除了掌握一定的政治理论，学习党的路线、方针、政策和有关的各种知识外，还应涉猎一些法律、哲学、逻辑学、心理学、文学和语法修辞学等方面的知识。

第二，加强实践锻炼。要虚心向群众学习，善于在实践中丰富自己的知识和经验，不断总结和积累群众的语言、词汇，把向群众学习语言，作为提高表达能力的一个重要途径。

第三，加强技能训练。锻炼口头表达能力主要是多讲，积极实践。文字表达能力主要是多写，并且下力气反复修改，力求做到判断表述准确、观点鲜明、语言生动。行为表达能力主要是注意自己的举止行动，给人以亲切感、自然感和朴素感。力求做到平易近人、和蔼可亲、诚恳坦率、表里如一。

第四节　当好党小组长的基本要求

党小组工作是党支部工作的基础。党小组长要有效地开展工作、完成党支部交给的各项任务，一般应做到：

第一，认真学习马克思列宁主义、毛泽东思想、邓小平理论、"三个代表"重要思想、科学发展观、习近平新时代中国特色社会主义思想，学习党的路线、方针、政策、决议及指示，学习党的基本知识等，不断提高自己的思想、政策水平和工作能力。

第二，要有高度的责任感，对工作认真负责。

第三，要严格要求自己，以身作则，起模范带头作用。

第四，发扬党内民主，遇事多与党员商量，充分调动本组党员的积极性。

第五，密切联系群众，做群众的贴心人。

第六，坚持原则，勇于开展批评和自我批评。

第七，熟悉本职业务，在工作、生产中做表率。

第八，积极争取党支部的领导，注意总结经验，不断改进工作方法。

一、要有高度的事业心和责任感

党小组工作开展得好坏，效果如何，是否具有生机和活力，直接关系到党组织的凝聚力、吸引力和战斗力。目前，有些基层党组织对党小组工作的地位、作用认识不足，甚至包括党小组长本人也认为，党小组长无职无权，工作难开展，白费力气不讨好，是可设可不设的。这种认识是不对的。每个党小组长都要增强从事党小组工作的光荣感、责任感和使命感，热爱本职工作，锐意进取，尽职尽责，无私奉献，在平凡的工作岗位上争创一流的工作，做一名合格称职的小组长。

二、要认真学习，不断提高自己的思想、政策水平

党的纲领规定了党的指导思想、奋斗目标和基本路线，以及实现纲领的道路。同时根据党的最高纲领，党还规定了实现纲领的具体路线、方针、政策及各项决定。全面坚定地贯彻执行党的纲领及各项方针、政策，是夺取建设中国特色社会主义事业胜利的根本保证。同时，

它也是我们前进的目标和行动的原则。我们每个党员都有责任从理论和实践的结合上学懂弄通其精神实质，只有这样才能增强贯彻执行的自觉性和坚定性。否则，如果对党的方针、政策和决定一知半解，似懂非懂，或知之甚少，在贯彻执行时就会摇摇摆摆，裹足不前，甚至怀疑抵触。作为党小组长，要比一般党员更模范地贯彻执行党的纲领和各项方针、政策，清除错误思想的影响，真正把自己的思想、行动统一到党的纲领及方针政策和上级党组织的决议精神上来，并在实践中创造性地贯彻落实。

三、要处处严格要求自己，有好的民主作风，起模范带头作用

党小组长虽然不是党内领导职务，但毕竟是一组之长。对党小组的工作有一定责任，其言行、举止，对本小组的党员都会产生一定影响。如果党小组长在生产、工作、学习、生活等方面都能处处起模范作用，事事做出表率，能够使真抓实干不停留在口头上，而是鼓实劲、做实事、收实效。能够坚决克服软弱涣散、无所作为的不实作风；能够坚决杜绝说大话、说空话、说假话、报喜不报忧、欺上瞒下的虚假作风，树立高度责任感、紧迫感，小组内的党员就会跟着学，对身边的群众也会产生好的影响。否则，党小组就会像一盘散沙，失去战斗力。

党小组长在开展工作时，决不能自以为是。党小组长关心党员、体贴党员，把自己看作是小组的普通一员，做党员的知心朋友，遇到问题摆到桌面，有事同大家协商，有困难动员大家出主意，想办法克服，把党员拧成一股绳，劲往一处使，充分发挥全组党员的积极性和创造性，共同把小组工作做好。

四、要主动接受党支部的领导，及时请示汇报工作

党支部作为党的最基层的一级组织，是党小组最直接的领导机关。党小组的一切工作，都必须紧紧围绕党支部的中心工作来进行。

加强党支部对党小组工作领导，是做好党小组工作的重要组织保证。党小组作为支部工作的骨干和助手，必须自觉地接受党支部的领导，不折不扣地执行支部的决议；也必须及时向党支部请示和汇报党小组工作，反映情况，听取指示，做到下情上达，上情下达。能否做到这一点也是衡量党小组长党性强弱的重要标准。如果脱离党支部的领导另搞一套或者阳奉阴违，一方面，破坏了党的民主集中制原则；另一方面，必然削弱和脱离党支部对党小组的领导，把党小组工作引向歧途，这是党的纪律绝不容许的。

第三章

党小组长的主要工作职责

党小组长的基本职责是：组织所在小组的全体党员，积极开展各项活动，充分发挥每个党员的先锋模范作用，有效地完成党支部交给的各项工作，保证所在单位各项业务的顺利完成。

第一节　组织好党员的学习

一、把学好马克思主义理论作为看家本领

习近平总书记在 2013 年中央党校建校 80 周年讲话中强调，马克思主义是我们做好一切工作的看家本领，也是领导干部必须普遍掌握的工作制胜的看家本领。只有学懂了马克思列宁主义、毛泽东思想、邓小平理论、"三个代表"重要思想、科学发展观、习近平新时代中国特色社会主义思想，特别是领会了贯穿其中的马克思主义立场、观点、方法，才能心明眼亮，才能深刻认识和准确把握共产党执政规律、社会主义建设规律、人类社会发展规律，才能始终坚定理想信念，才能在纷繁复杂的形势下坚持科学指导思想和正确前进方向，才能带领人民走对路，才能把中国特色社会主义事业不断推向前进。党小组要充分理解并领悟习近平总书记的教诲，加强马克思主义理论学习，不断提高自己的政治修养。

二、毛泽东思想及其实践为开创中国特色社会主义伟大事业提供了重要基础和条件

毛泽东同志为中国新民主主义革命的胜利、社会主义革命的成功、社会主义建设的全面展开，为实现中华民族独立和振兴、中国人民解放和幸福，作出了彪炳史册的贡献。毛泽东同志毕生最突出最伟大的贡献，就是领导我们党和人民找到了新民主主义革命的正确道路，完成了反帝反封建的任务，建立了中华人民共和国，确立了社会主义基本制度，取得了社会主义建设的基础性成就，并为我们探索建设中国特色社会主义的道路积累了经验和提供了条件，为我们党和人民事业胜利发展、为中华民族阔步赶上时代发展潮流创造了根本前提，奠定了坚实的理论和实践基础。

以毛泽东同志为主要代表的中国共产党人，把马克思列宁主义的基本原理同中国革命的具体实践结合起来，创立了毛泽东思想。毛泽东思想是马克思列宁主义在中国的运用和发展，是被实践证明了的关于中国革命和建设的正确的理论原则和经验总结，是中国共产党集体智慧的结晶。在毛泽东思想指引下，中国共产党领导全国各族人民，经过长期的反对帝国主义、封建主义、官僚资本主义的革命斗争，取得了新民主主义革命的胜利，建立了人民民主专政的中华人民共和国；新中国成立以后，顺利地进行了社会主义改造，完成了从新民主主义到社会主义的过渡，确立了社会主义基本制度，发展了社会主义的经济、政治和文化。毛泽东思想以独创性理论丰富和发展了马克思列宁主义。毛泽东思想教育了几代中国共产党人，它培养的大批骨干，不仅在新民主主义革命、社会主义革命、社会主义建设时期发挥了重要作用，也为新的历史时期开创和建设中国特色社会主义发挥了重要作用。邓小平同志说，毛泽东思想这个旗帜丢不得，丢掉了实际上就否定了我们党的光辉历史；任何时候都不能动摇高举毛泽东思想旗帜的原则，我们将永远高举毛泽东思想的旗帜前进。

毛泽东同志为中国新民主主义革命的胜利、社会主义革命的成功、社会主义建设的全面展开，为实现中华民族独立和振兴、中国人民解放和幸福，作出了彪炳史册的贡献。毛泽东同志毕生最突出最伟大的贡献，就是领导我们党和人民找到了新民主主义革命的正确道路，完成了反帝反封建的任务，建立了中华人民共和国，确立了社会主义基本制度，取得了社会主义建设的基础性成就，并为我们探索建设中国特色社会主义的道路积累了经验和提供了条件，为我们党和人民事业胜利发展、为中华民族阔步赶上时代发展潮流创造了根本前提，奠定了坚实的理论和实践基础。

三、深入学习邓小平理论

党的十一届三中全会以来，以邓小平为主要代表的中国共产党人，总结新中国成立以来正反两方面的经验，解放思想，实事求是，实现了全党工作中心向经济建设的转移，实行改革开放，开创了社会主义事业发展的新时期，逐步形成了建设有中国特色社会主义的路线、方针和政策，阐明了在中国建设社会主义、巩固和发展社会主义的基本问题，创立了邓小平理论。邓小平理论是马克思列宁主义的基本原理同当代中国实践和时代特征相结合的产物，是毛泽东思想的继承和发展，是马克思主义在中国发展的新阶段，是当代中国的马克思主义，是全党全国人民实践经验和集体智慧的结晶，是中国共产党和中国人民最珍贵的精神财富。

中国共产党是在 1997 年 9 月召开的第十五次全国代表大会上正式确立邓小平理论同马克思列宁主义、毛泽东思想一同作为自己的指导思想并写入党章。党的十五大通过的党章中明确规定："中国共产党以马克思列宁主义、毛泽东思想、邓小平理论作为自己的行动指南。"这个规定除了坚持过去提出的把马克思列宁主义、毛泽东思想作为党的指导思想外，又明确规定把邓小平理论作为党的指导思想。

邓小平理论的主要内容有以下 9 个方面：

（1）在社会主义的发展道路问题上，强调走自己的路，建设有中国特色的社会主义。

（2）在社会主义的发展阶段问题上，作出了我国还处在社会主义初级阶段的科学论断。

（3）在社会主义的根本任务问题上，强调现阶段我国社会的主要矛盾是人民日益增长的物质文化需要同落后的社会生产之间的矛盾，必须把发展生产力摆在首要位置，以经济建设为中心，推动社会全面进步。提出了用"三个有利于"标准，判断改革和各方面工作的是非得失。

（4）在社会主义的发展动力问题上，强调改革也是一场革命，也是解放生产力，是中国现代化的必由之路。要进行经济体制改革，建立和完善社会主义市场经济体制。进行政治体制改革，实现依法治国，建设社会主义法治国家。同经济、政治的改革和发展相适应，建设社会主义精神文明。

（5）在社会主义建设的外部条件问题上，指出和平与发展是当今世界两大主题，必须坚持独立自主的和平外交政策。

（6）在社会主义建设的政治保证问题上，强调坚持社会主义道路、坚持人民民主专政、坚持中国共产党的领导、坚持马克思列宁主义、毛泽东思想。

（7）在社会主义建设的战略步骤问题上，提出基本实现现代化分三步走。

（8）在社会主义的领导力量和依靠力量的问题上，强调作为工人阶级先锋队的共产党是社会主义事业的领导核心，党必须适应改革开放和现代化建设的需要，不断改善和加强对各方面的领导，改善和加强自身建设。必须依靠广大工人、农民、知识分子，必须依靠各民族人民的团结，必须依靠全体社会主义劳动者、拥护社会主义的爱国者和拥护祖国统一的爱国者的最广泛的统一战线。党领导的人民军队是社会主义祖国的保卫者和建设社会主义的重要力量。

（9）在祖国统一的问题上，提出"一个国家，两种制度"的创造性构想。

邓小平理论内容非常丰富，也非常深刻，要求党员同志在学习中，要注意以下几个问题：

（1）学习邓小平理论，必须全面、准确、完整地领会和把握其精神实质。邓小平理论是一个完整的科学体系。它从强国富民出发，以解放思想、实事求是的思想路线为指导，以社会主义初级阶段的国情为基础，以解放和发展生产力为主线，以改革开放和四项基本原则为经纬，围绕建设有中国特色社会主义的一系列基本问题，按照严密的逻辑依次展开。各个理论观点紧密衔接、彼此包含、相互渗透，构成了一个不可分割的科学体系。同时，这一体系并不是封闭的、凝固的，而是在实践中不断丰富、完善和发展的。因此，在实际工作中，必须全面、准确、完整地领会和把握。

（2）学习邓小平理论，关键是抓住其精髓——解放思想、实事求是的思想路线。"解放思想，实事求是"八个字，集中体现了邓小平运用马克思主义的立场、观点、方法研究新情况、解决新问题的科学态度，贯穿于他的整个理论的各个层次、各个方面和全部内容的始终，是这一理论具有盎然生机的源泉。我们在实际工作中，把握住解放思想、实事求是这一精髓，并将它贯穿于社会主义现代化建设伟大历史进程的始终，就把握了邓小平理论的活的灵魂。

（3）学习邓小平理论，必须认真学习邓小平的原著，同时也要学习十一届三中全会以来党的重要文献。邓小平理论的主要内容和基本精神，都凝结在邓小平的原著中，同时也体现在十一届三中全会以来党的重要文献中。

（4）学习邓小平理论，必须紧密联系实际，做到学以致用。必须结合自己的思想实际，用贯穿于这一理论的马克思主义世界观和方法论来克服和抵御唯心论、机械唯物论、主观主义、形而上学以及极端个人主义等非马克思主义思想的侵蚀，增强党性观念，坚定理想信念，提高理论素质和政治水平。

四、把握和领会"三个代表"重要思想深刻内涵

以江泽民同志为核心的党的第三代中央领导集体，坚持用邓小平理论观察当今世界、观察当代中国，不断总结实践经验，作出新的理论概括，不断开拓创新，在创造性地推进建设中国特色社会主义伟大事业的进程中，形成了一系列新的理论成果。特别是提出了关于中国共产党始终代表中国先进生产力的发展要求、代表中国先进文化的前进方向、代表中国最广大人民的根本利益的重要思想，是对我们党的奋斗业绩和历史经验的新概括，是对马克思主义理论的新发展，是对党的建设和党的事业提出的新要求。"三个代表"重要思想，是我们党的立党之本、执政之基、力量之源。党的十六大一致同意在党章中明确规定，中国共产党以马克思列宁主义、毛泽东思想、邓小平理论和"三个代表"重要思想作为自己的行动指南。"三个代表"重要思想是党必须长期坚持的指导思想。这对于保证我们党统一思想、统一行动，团结和带领全国各族人民，实现推进现代化建设、完成祖国统一、维护世界和平与促进共同发展这三大历史任务，在中国特色社会主义道路上实现中华民族的伟大复兴，具有重大而深远的意义。

在学习教育中，要注意把握和深刻领会"三个代表"重要思想的内涵。作为一名党员，在实践"三个代表"过程中，更要明确自己的努力方向：

（1）党要始终代表先进生产力的发展要求。"三个代表"中，首要的是做先进生产力发展要求的代表。有了先进的生产力，又有先进的社会制度，就能创造更多更好的物质财富和精神财富，就能在日益复杂的国内外环境中，在日趋激烈的国际竞争中站稳脚跟、走在前面，就能更快地提高综合国力。我们党的一切奋斗，归根结底都是为了解放和发展生产力，党的一切方针政策都要最终促进生产力的不断发

展，促进国家经济实力的不断增强和人民生活水平的不断提高，从而更好地代表人民的根本利益。

代表先进生产力的发展要求，就要以经济建设为中心，坚持发展是硬道理。不集中力量就不能加快发展，就不能实现党的先进性。由于我们国家的生产力没有经历资本主义条件下的充分发展，必须在社会主义条件下完成发达国家在资本主义条件下实现的工业化和生产的社会化、市场化、现代化的任务，所以，我们必须排除一切干扰，集中精力加快生产力的发展。

科学技术是第一生产力。科学技术的发展趋势，代表着先进生产力的发展方向；科学技术的发展水平，标志着先进生产力的发展要求。当今世界，科学技术突飞猛进，知识经济初见端倪。代表先进生产力的发展要求，就要重视科技创新，重视科技人才的培养，重视科技事业的发展；就要加快科技体制创新，积极推进国家知识创新体系的建设，对于推动经济和社会发展有重大带动作用的领域，集中力量重点突破；就要紧密结合国内外形势的变化，结合我国生产力的最新发展和人民群众对物质文化生活提出的新要求，解放思想，大胆实践，加快体制创新，及时改革生产关系和上层建筑中与生产力发展要求不相适应的部分，进一步完善社会主义市场经济体制，同时加快政治体制改革步伐，把社会主义现代化建设事业不断推向前进。

共产党员要做推动先进生产力发展的模范。带头学习和掌握先进科学技术知识和文化知识，带头投身改革和社会主义现代化建设，在本职岗位上出色地完成各项任务，发挥先锋模范作用。

（2）党要始终代表先进文化的前进方向。先进的文化是人类文明进步的结晶，又是推动人类社会前进的精神动力和智力支持，影响人的精神和灵魂，渗透于社会生活各个方面。代表先进文化前进的方向，才能使物质文明和精神文明协调发展，推动社会全面进步。是否拥有先进文化，是否代表先进文化前进的方向，决定着一个政党、国家和民族的素质、能力和兴衰。

中国的先进文化包括六个方面的特征：一是以马克思列宁主义、毛泽东思想、邓小平理论、"三个代表"、科学发展观、习近平新时代中国特色社会主义思想为指导的文化；二是服从和服务于党的基本路线，为改革开放和现代化建设提供精神动力的文化；三是弘扬民族精神，凝聚各族人民的意志和力量，积极、健康、向上的文化；四是继承和发扬中华民族一切优秀文化传统，具有中国特色的文化；五是博采各国文化之长，吸收国外一切优秀文化成果的文化；六是面向大众、服务人民，为广大人民群众喜闻乐见的文化。

共产党员应做中国特色社会主义文化的建设者。在建设中国特色社会主义文化过程中，共产党员如何发挥先锋模范作用？一是要自觉地坚持马克思列宁主义、毛泽东思想、邓小平理论、"三个代表"重要思想、科学发展观、习近平新时代中国特色社会主义思想；二是要自觉地加强思想道德修养；三是要带头学习科学文化知识；四是要自觉地讲文明、树新风，争做"四有"新人。

（3）党要始终代表最广大人民的根本利益。代表先进生产力发展要求、代表先进文化前进方向、代表最广大人民的根本利益，这三者是密切相关、辩证统一的整体，体现了社会主义的本质要求，贯穿其中的是代表最广大人民的根本利益。

江山就是人民、人民就是江山，打江山、守江山，守的是人民的心。中国共产党根基在人民、血脉在人民、力量在人民。中国共产党始终代表最广大人民根本利益，与人民休戚与共、生死相依，没有任何自己特殊的利益，从来不代表任何利益集团、任何权势团体、任何特权阶层的利益。在全面建设社会主义现代化国家、实现第二个一百年奋斗目标的新征程上，我们必须紧紧依靠人民创造历史，坚持全心全意为人民服务的根本宗旨，站稳人民立场，贯彻党的群众路线，尊重人民首创精神，践行以人民为中心的发展思想，发展全过程人民民主，维护社会公平正义，着力解决发展不平衡不充分问题和人民群众急难愁盼问题，推动人的全面发展、全体人民共同富裕取得更为明显的实质性进展！

五、全面贯彻落实科学发展观

科学发展观是以胡锦涛为总书记的中央领导集体从党和国家事业发展全局出发提出的重大战略思想，是我们党坚持解放思想、实事求是、与时俱进的思想路线，坚持理论创新取得的又一重大成果。党的十八大通过的《党章修正案》将科学发展观与马克思列宁主义、毛泽东思想、邓小平理论、"三个代表"重要思想一道确立为党的指导思想并写入党章，成为党章修正案引人注目的亮点。党章条文要求党员认真学习科学发展观，干部带头贯彻落实科学发展观。

科学发展观，是马克思主义同当代中国实际和时代特征相结合的产物，是马克思主义关于发展的世界观和方法论的集中体现，对新形势下实现什么样的发展、怎样发展等重大问题作出了新的科学回答，把我们对中国特色社会主义规律的认识提高到新的水平，开辟了当代中国马克思主义发展新境界。科学发展观是中国特色社会主义理论体系最新成果，是中国共产党集体智慧的结晶，是指导党和国家全部工作的强大思想武器。

科学发展观，第一要义是发展，核心是以人为本，基本要求是全面协调可持续，根本方法是统筹兼顾。

——必须坚持把发展作为党执政兴国的第一要务。发展，对于建设社会主义现代化国家具有决定性意义。要牢牢扭住经济建设这个中心，坚持聚精会神搞建设、一心一意谋发展，不断解放和发展社会生产力。更好实施科教兴国战略、人才强国战略、可持续发展战略，着力把握发展规律、创新发展理念、转变发展方式、破解发展难题，提高发展质量和效益，实现又好又快发展，为发展中国特色社会主义打下坚实基础。努力实现以人为本、全面协调可持续的科学发展，实现各方面事业有机统一、社会成员团结和睦的和谐发展，实现既通过维护世界和平发展自己，又通过自身发展维护世界和平的和平发展。

——必须坚持以人为本。全心全意为人民服务是党的根本宗旨，党的一切奋斗和工作都是为了造福人民。要始终把实现好、维护好、发展好最广大人民的根本利益作为党和国家一切工作的出发点和落脚点，尊重人民主体地位，发挥人民首创精神，保障人民各项权益，走共同富裕道路，促进人的全面发展，做到发展为了人民、发展依靠人民、发展成果由人民共享。

——必须坚持全面协调可持续发展。要按照中国特色社会主义事业总体布局，全面推进经济建设、政治建设、文化建设、社会建设、生态文明建设，促进现代化建设各个环节、各个方面相协调，促进生产关系与生产力、上层建筑与经济基础相协调。坚持生产发展、生活富裕、生态良好的文明发展道路，建设资源节约型、环境友好型社会，实现速度和结构质量效益相统一、经济发展与人口资源环境相协调，使人民在良好生态环境中生产生活，实现经济社会永续发展。

——必须坚持统筹兼顾。要正确认识和妥善处理中国特色社会主义事业中的重大关系，统筹城乡发展、区域发展、经济社会发展、人与自然和谐发展、国内发展和对外开放，统筹中央和地方关系，统筹个人利益和集体利益、局部利益和整体利益、当前利益和长远利益，充分调动各方面积极性。统筹国内国际两个大局，树立世界眼光，加强战略思维，善于从国际形势发展变化中把握发展机遇、应对风险挑战，营造良好国际环境。既要总揽全局、统筹规划，又要抓住牵动全局的主要工作、事关群众利益的突出问题，着力推进、重点突破。

深入贯彻落实科学发展观，要求我们始终坚持"一个中心、两个基本点"的基本路线。党的基本路线是党和国家的生命线，是实现科学发展的政治保证。以经济建设为中心是兴国之要，是我们党、我们国家兴旺发达和长治久安的根本要求；四项基本原则是立国之本，是我们党、我们国家生存发展的政治基石；改革开放是强国之路，是我们党、我们国家发展进步的活力源泉。要坚持把以经济建设为中心同四项基本原则、改革开放这两个基本点统一于发展中国特色社会主义的伟大实践，任何时候都决不能动摇。

深入贯彻落实科学发展观，要求我们积极构建社会主义和谐社会。社会和谐是中国特色社会主义的本质属性。科学发展和社会和谐是内在统一的。没有科学发展就没有社会和谐，没有社会和谐也难以实现科学发展。构建社会主义和谐社会是贯穿中国特色社会主义事业全过程的长期历史任务，是在发展的基础上正确处理各种社会矛盾的历史过程和社会结果。要通过发展增加社会物质财富、不断改善人民生活，又要通过发展保障社会公平正义、不断促进社会和谐。实现社会公平正义是中国共产党人的一贯主张，是发展中国特色社会主义的重大任务。要按照民主法治、公平正义、诚信友爱、充满活力、安定有序、人与自然和谐相处的总要求和共同建设、共同享有的原则，着力解决人民最关心、最直接、最现实的利益问题，努力形成全体人民各尽其能、各得其所而又和谐相处的局面，为发展提供良好社会环境。

深入贯彻落实科学发展观，要求我们继续深化改革开放。要把改革创新精神贯彻到治国理政各个环节，毫不动摇地坚持改革方向，提高改革决策的科学性，增强改革措施的协调性。要完善社会主义市场经济体制，推进各方面体制改革创新，加快重要领域和关键环节改革步伐，全面提高开放水平，着力构建充满活力、富有效率、更加开放、有利于科学发展的体制机制，为发展中国特色社会主义提供强大动力和体制保障。要坚持把改善人民生活作为正确处理改革发展稳定关系的结合点，使改革始终得到人民拥护和支持。

深入贯彻落实科学发展观，要求我们切实加强和改进党的建设。要站在完成党执政兴国使命的高度，把提高党的执政能力、保持和发展党的先进性，体现到领导科学发展、促进社会和谐上来，落实到引领中国发展进步、更好代表和实现最广大人民的根本利益上来，使党的工作和党的建设更加符合科学发展观的要求，为科学发展提供可靠的政治和组织保障。

深入贯彻落实科学发展观意义重大，党小组在开展党员教育活动中，要把学习实践科学发展观作为党员教育的重点，认真抓好。

六、深入学习和贯彻落实习近平新时代中国特色社会主义思想

党的十八大以来，以习近平同志为核心的党中央，坚持以马克思列宁主义、毛泽东思想、邓小平理论、"三个代表"重要思想、科学发展观为指导，坚持解放思想、实事求是、与时俱进、求真务实，坚持辩证唯物主义和历史唯物主义，紧密结合新的时代条件和实践要求，以全新的视野深化对共产党执政规律、社会主义建设规律、人类社会发展规律的认识，进行艰辛理论探索，取得重大理论创新成果，创立了习近平新时代中国特色社会主义思想。这一重大思想的核心要义，就是坚持和发展中国特色社会主义，具体体现在它从理论和实践结合上系统回答了新时代坚持和发展什么样的中国特色社会主义、怎样坚持和发展中国特色社会主义这个重大时代课题，回答了新时代坚持和发展中国特色社会主义的总目标、总任务、总体布局、战略布局和发展方向、发展方式、发展动力、战略步骤、外部条件、政治保证等基本问题，并且根据新的实践对经济、政治、法治、科技、文化、教育、民生、民族、宗教、社会、生态文明、国家安全、国防和军队、"一国两制"和祖国统一、统一战线、外交、党的建设等各方面作出理论分析和政策指导，为更好坚持和发展中国特色社会主义提供了思想武器和行动指南。把握住了这个核心要义，就把握住了最本质的东西，就把握住了改革开放以来党的理论创新成果的历史逻辑和内在联系。

习近平新时代中国特色社会主义思想内容十分丰富，涵盖改革发展稳定、内政外交国防、治党治国治军等各个领域、各个方面，构成了一个系统完整、逻辑严密、相互贯通的思想理论体系。党的十九大报告用"八个明确"概括了这一重大思想的主要创新观点。

明确坚持和发展中国特色社会主义，总任务是实现社会主义现代化和中华民族伟大复兴，在全面建成小康社会的基础上，分两步走在本世纪中叶建成富强民主文明和谐美丽的社会主义现代化强国。实现现代化是近代以来中国人民不懈的追求，实现中华民族伟大复兴是近代以来中华民族最伟大的梦想。社会主义现代化是中华民族伟大复兴的核心内容，中华民族伟大复兴是社会主义现代化的形象表达，两者在本质上是一致的，根本目的都是为了实现国家富强、民族振兴、人民幸福。需要明确的是，我们要搞的是社会主义现代化，而不能搞西方模式的现代化。这个现代化只有沿着中国特色社会主义道路才能行得通、走得好，中国特色社会主义只有坚持现代化的奋斗目标才能得到更好坚持和发展。党的十九大报告提出，从十九大到二十大，是"两个一百年"奋斗目标的历史交汇期。我们既要全面建成小康社会、实现第一个百年奋斗目标，又要乘势而上开启全面建设社会主义现代化国家新征程，向第二个百年奋斗目标进军。从全面建成小康社会到基本实现现代化，再到全面建成社会主义现代化强国，是新时代中国特色社会主义发展的战略安排。

明确新时代我国社会主要矛盾是人民日益增长的美好生活需要和不平衡不充分的发展之间的矛盾，必须坚持以人民为中心的发展思想，不断促进人的全面发展、全体人民共同富裕。经过改革开放40多年的发展，我国稳定解决了十几亿人的温饱问题，总体上实现小康，不久将全面建成小康社会；人民美好生活需要日益广泛，不仅对物质文化生活提出了更高要求，而且在民主、法治、公平、正义、安全、环境等方面的要求日益增长。同时，我国社会生产力水平总体上显著提高，社会生产能力在很多方面进入世界前列，更加突出的问题是发展不平衡不充分，这已经成为满足人民日益增长的美好生活需要的主要制约因素。必须在继续推动发展的基础上，着力解决好发展不平衡不充分问题，大力提升发展质量和效益，更好满足人民在经济、政治、文化、社会、生态等方面日益增长的需要，不断促进人的全面发展、全体人民共同富裕。

　　明确中国特色社会主义事业总体布局是"五位一体"、战略布局是"四个全面"，强调坚定道路自信、理论自信、制度自信、文化自信。党的十八大以来，我们党形成并积极推进经济建设、政治建设、文化建设、社会建设、生态文明建设"五位一体"总体布局，形成并积极推进全面建设社会主义现代化国家、全面深化改革、全面依法治国、全面从严治党"四个全面"战略布局。"五位一体"和"四个全面"相互促进、统筹联动，深化了我们党对社会主义建设规律的认识，是事关党和国家长远发展的总战略。坚持和发展中国特色社会主义，必须统筹推进"五位一体"总体布局和协调推进"四个全面"战略布局，更加自觉地增强"四个自信"，既不走封闭僵化的老路，也不走改旗易帜的邪路，保持政治定力，坚持实干兴邦，始终坚持和发展中国特色社会主义。

　　明确全面深化改革总目标是完善和发展中国特色社会主义制度、推进国家治理体系和治理能力现代化。党的十九大指出："只有社会主义才能救中国，只有改革开放才能发展中国、发展社会主义、发展马克思主义。"改革开放只有进行时，没有完成时。现在，改革已经进入深水区和攻坚期，必须勇于自我革命，敢于直面问题，敢于啃硬骨头、闯难关，坚决破除一切不合时宜的思想观念和体制机制弊端，突破利益固化的藩篱，吸收人类文明有益成果，构建系统完备、科学规范、运行有效的制度体系，充分发挥我国社会主义制度优越性。全面深化改革的总目标是完善和发展中国特色社会主义制度、推进国家治理体系和治理能力现代化。这个总目标，既规定根本方向是中国特色社会主义道路而不是其他什么道路，又规定在根本方向指引下完善和发展中国特色社会主义制度的鲜明指向。推进国家治理体系和治理能力现代化，就是要使各方面制度更加科学、更加完善，实现党、国家、社会各项事务治理制度化、规范化、程序化，善于运用制度和法律治理国家，提高党科学执政、民主执政、依法执政水平。

　　明确全面推进依法治国总目标是建设中国特色社会主义法治体

系、建设社会主义法治国家。全面依法治国是中国特色社会主义的本质要求和重要保障。全面依法治国，必须把党的领导贯彻落实到依法治国全过程和各方面，坚定不移走中国特色社会主义法治道路，完善以宪法为核心的中国特色社会主义法律体系，建设中国特色社会主义法治体系，建设社会主义法治国家，发展中国特色社会主义法治理论。要加快形成完备的法律规范体系、高效的法治实施体系、严密的法治监督体系、有力的法治保障体系，形成完善的党内法规体系。全面依法治国是国家治理的一场深刻革命，必须坚持厉行法治，推进科学立法、严格执法、公正司法、全民守法。要在全社会牢固树立宪法法律权威，弘扬宪法精神，任何组织和个人都必须在宪法法律范围内活动，都不得有超越宪法法律的特权。

明确党在新时代的强军目标是建设一支听党指挥、能打胜仗、作风优良的人民军队，把人民军队建设成为世界一流军队。建设一支听党指挥、能打胜仗、作风优良的人民军队，是实现"两个一百年"奋斗目标、实现中华民族伟大复兴的战略支撑。听党指挥是人民军队的建军之本、强军之魂，必须坚决贯彻党对军队绝对领导的根本原则和制度，坚决听从党中央和中央军委指挥；能打胜仗是核心，必须始终聚焦备战打仗，锻造招之即来、来之能战、战之必胜的精兵劲旅；作风优良是保证，必须培养有灵魂、有本事、有血性、有品德的新一代革命军人，锻造铁一般信仰、铁一般信念、铁一般纪律、铁一般担当的过硬部队，永葆人民军队的性质、宗旨、本色。要坚持政治建军、改革强军、科技兴军、依法治军，坚持走中国特色强军之路，全面推进国防和军队现代化，到本世纪中叶把人民军队全面建成世界一流军队。

明确中国特色大国外交要推动构建新型国际关系，推动构建人类命运共同体。当今世界，各国相互依存、休戚与共。没有哪个国家能够独自应对人类面临的各种挑战，也没有哪个国家能够退回到自我封闭的孤岛。中国始终不渝走和平发展道路，奉行互利共赢的开放战略，坚持正确义利观，推动建设相互尊重、公平正义、合作共赢的新型国际关系。中国尊重各国人民自主选择发展道路的权利，维护国际公平正义，反对把自己的意志强加于人，反对干涉别国内政，反对以强凌弱。中国秉持共商共建共享的全球治理观，倡导国际关系民主化，坚持国家不分大小、强弱、贫富一律平等。中国愿与各国人民同心协力构建人类命运共同体，建设持久和平、普遍安全、共同繁荣、开放包容、清洁美丽的世界。

明确中国特色社会主义最本质的特征是中国共产党领导，中国特色社会主义制度的最大优势是中国共产党领导，党是最高政治领导力量，提出新时代党的建设总要求，突出政治建设在党的建设中的重要地位。中国共产党是中国特色社会主义事业的坚强领导核心。坚持党的领导是党和国家的根本所在、命脉所在，是全国各族人民的利益所系、幸福所系。党政军民学，东西南北中，党是领导一切的，是最高的政治领导力量，各个领域、各个方面都必须坚定自觉地坚持党的领导。党的政治建设是党的根本性建设，决定党的建设方向和效果。保证全党服从中央，坚持党中央权威和集中统一领导是党的政治建设的首要任务。要自觉增强政治意识、大局意识、核心意识、看齐意识，认真贯彻落实新时代党的建设总要求，坚定执行党的政治路线，严格遵守政治纪律和政治规矩，在政治立场、政治方向、政治原则、政治道路上同以习近平同志为核心的党中央保持高度一致。

为贯彻落实习近平新时代中国特色社会主义思想，党的十九大报告提出新时代坚持和发展中国特色社会主义的基本方略，并概括为14条。这14条基本方略涵盖坚持党的领导和全面从严治党，涵盖"五位一体""四个全面"，涵盖国防和军队建设、维护国家安全、"一国两制"和祖国统一、对外战略，体现了党的基本纲领、基本经验、基本要求的内涵，是习近平新时代中国特色社会主义思想的重要组成部分。习近平新时代中国特色社会主义思想是指导思想层面的表述，在行动纲领层面称之为中国特色社会主义基本方略。

党的十九大明确指出,习近平新时代中国特色社会主义思想,是对马克思列宁主义、毛泽东思想、邓小平理论、"三个代表"重要思想、科学发展观的继承和发展,是马克思主义中国化最新成果,是党和人民实践经验和集体智慧的结晶,是中国特色社会主义理论体系的重要组成部分,是全党全国人民为实现中华民族伟大复兴而奋斗的行动指南,必须长期坚持并不断发展。这一重大思想开辟了马克思主义新境界、中国特色社会主义新境界、党治国理政新境界、管党治党新境界,使马克思主义中国化实现了一次新的飞跃、达到了一个新的起点。要坚持不懈用习近平新时代中国特色社会主义思想武装全党、教育人民,推动全党全社会深入理解和把握这一重大思想的科学体系、精神实质、实践要求,更加自觉地用这一重大思想武装头脑、指导实践、推动工作。

第二节　协助党支部做好党员教育工作

一、党员教育的重要性

1. 党员教育是实现新的发展阶段奋斗目标的重要保证

中国共产党是中国特色社会主义事业的领导核心,肩负着建设中国特色社会主义的历史任务。只有不断加强对党员的教育,才能使全党思想统一,步调一致,同心同德地带领广大人民群众为实现党在新时期的宏伟目标而奋斗。这样,党在这一阶段的战略目标的实现就有了可靠的保证。

2. 党员教育是加强党的执政能力建设的重要途径

党的执政能力建设,是指执政党为履行执政职能、解决问题、确立和实现执政目标而提高全党及其成员能力的过程。执政能力建设是党执政后的一项根本建设。中国共产党是领导社会主义现代化建设的执政党，党的执政能力如何直接关系到社会主义现代化建设和发展的全局。党要加强执政能力建设，就必须加强党员教育，通过深入学习贯彻习近平新时代中国特色社会主义思想，用马克思主义中国化最新成果武装党员，用发展着的马克思主义指导客观世界和主观世界的改造，把握共产党执政规律、社会主义建设规律、人类社会发展规律，提高运用科学理论分析和解决实际问题的能力，坚持科学执政、民主执政、依法执政，不断提高治国理政的本领和水平。

3. 党员教育是保持党的先进性的重要途径

所谓党的先进性，是指中国共产党是由中国工人阶级中具有共产主义觉悟的先进分子组成的；它是以唯一正确和先进的理论即马克思列宁主义、毛泽东思想、邓小平理论、"三个代表"重要思想、科学发展观、习近平新时代中国特色社会主义思想作为自己行动指南的；是按照先进的组织原则——民主集中制组织起来的统一整体，能够保证全党行动一致，保证党的决定得到迅速有效的贯彻执行。党要保持上述先进性，就必须通过加强对党员的教育，使每个党员牢固树立共产主义的远大理想、中国特色社会主义的共同理想和全心全意为人民服务的崇高思想，坚持党和人民的利益高于一切的原则，自觉抵制和克服各种错误思想，增强党性观念和组织纪律观念，提高党员队伍的素质，从而防止和克服党内的种种腐败现象，使我们党更加兴旺发达，更加生气勃勃。

4. 党员教育是更好地适应改革开放新形势的需要

改革开放是决定当代中国前途命运的关键一招。改革开放的新形势，迫切要求我们加强党员教育工作。这是因为：（1）实行改革开放，要求每一个共产党员都要满腔热情地投身到改革和建设中去，与时俱进，更新旧观念，学会新本领，务实创新，锐意进取，在改革开放和社会主义建设中建功立业。要使党员适应这一新的形势，就要通过不懈的党员教育工作，不断提高党员的改革意识和思想觉悟，掌握科学文化知识，以极大的热情努力探索和解决改革开放中出现的新问题、新情况，推进改革开放的健康发展。（2）在改革开放过程中，资产阶级和其他剥削阶级腐朽没落的思想不断侵入。为此，我们既要坚持改革开放，又要抵制各种剥削阶级思想的侵蚀。这同样迫切需要加强党员的教育，提高党员的素质，增强反腐败和抵制各种腐朽思想的能力，经得住执政和改革开放的考验，以保证社会主义革命和建设事业的顺利进行。

5. 党员教育是基层党组织能否充分发挥战斗堡垒作用的关键

党章规定，基层党组织要成为党在社会基层组织中的战斗堡垒。而基层党组织的战斗堡垒作用，又主要是由党员的素质和党员的先锋模范作用来体现的。离开经常的、系统的、卓有成效的党员教育工作，党员的先锋模范作用和党支部的战斗堡垒作用就无从谈起，党的各项任务也很难完成。因此，党小组要在基层党组织领导下，采取措施，切实抓好党员教育，在全面提高党员素质上下大气力。

二、党员教育的基本内容

党员经常性教育的基本内容：

（1）马克思列宁主义教育。

（2）毛泽东思想教育。

（3）邓小平理论教育。

（4）"三个代表"重要思想教育。

（5）科学发展观教育。

（6）习近平新时代中国特色社会主义思想教育。

（7）推进"两学一做"学习教育常态化制度化。

（8）"不忘初心　牢记使命"主题教育。

（9）党史学习教育党章和党的基本知识教育。

（10）党的路线方针政策教育。

（11）形势任务、国情教育。

（12）中国特色社会主义共同理想和共产主义远大理想教育。

（13）爱国主义、集体主义和社会主义思想教育。

（14）党的优良传统和作风教育。

（15）党的纪律和反腐倡廉教育。

（16）市场经济知识、法律知识、科学文化知识和业务技能教育。

各个党支部和党小组可按照上述要求，根据不同时期的形势和任务，结合不同领域、不同行业和不同岗位党员的实际情况，科学安排教育内容。

三、党小组在党员教育工作中采取的基本形式和方法

党小组应十分重视党员教育，积极协助党支部搞好这项工作。其主要形式和方法是：

1. 组织党员学习，及时消化好党课内容

（1）组织和监督党员自学。根据党支部制订的学习计划及要求，设立自学小组，并就学习进度、方法、时间安排、效果等提出具体要求，适时组织小组讨论。对不能按时完成学习计划的党员要批评教育，对学习好的党员进行表扬，确保党支部学习计划的实现。要注意帮助党员及时解决自学中遇到的一些实际问题。

（2）组织本小组党员消化好党课内容。上党课是党员教育的主要形式，但由于党小组人数少，一般不单独上党课，而是参加党支部或党委统一组织的党课。党小组在党课后，应认真组织党员进行讨论，结合思想实际，吃透党课精神，使党课收到预期的效果。

2. 参加定期培训

对党员定期培训，是提高党员素质的有效方法之一。定期轮训是

党的传统，党总是通过对党员的定期轮训，达到统一全党思想和行动的目的。党小组由于人数限制，不可能独立开展定期轮训活动，但要积极参加上级党组织统一安排的定期轮训。首先，在人员安排上，要突出"轮"字。要让每个党员都有轮训的机会，不能以生产忙、离不开为借口，让那些能脱离开的人"轮训不上"。其次，党小组要掌握本小组党员参加轮训时的表现，以适当的方式鼓励学习优秀者，帮助后进者。最后，请轮训回来的同志谈收获，讲体会，调动党员参加轮训的积极性。

3. 办短期学习班

这是对党员经常性教育的一个有效方法。采用这种方法，通常是在党和国家作出重大决策后，由于对党员进行教育的需要而办的短期学习班。办短期学习班，首先，要突出"短"字，通常以三五天为好。其次，教育内容要专一，不可搞"一揽子"教育。最后，要注重教育质量，绝不可因时间短而敷衍了事。

4. 电化教育

这是在对党员教育中具有现代化特点的教育方法，电化教育集文字和形象于一体，具有强烈的直观感。它能迅速地反映教育内容，是深受广大党员欢迎的一种教育方法。用电化手段对党员教育，党小组要注意三点：首先，要及时，以满足教育需要和体现现代化建设功能。其次，要紧密结合一个时期党员教育的中心内容，认真选好电化教材，不能事前不准备，临时乱凑数，影响教育效果。再次，电化教育应与座谈讨论结合起来，这样既能通过影像强化党员的记忆，又能通过座谈讨论帮助党员由感性认识上升到理性认识。因此，二者的结合往往能收到较好的教育效果。

5. 参观走访

这是对党员一种直观的、生动的、具体的教育形式，也是解放思想、开阔眼界、转变观念、提高认识的很好途径。首先，要选好参观对象，特别是贯彻体现党的路线、方针、政策突出，作出优秀成绩的典型单位和个人，通过参观走访，达到教育目的。其次，要突出重点，一个典型集体和先进个人，通常具有多方面先进性，参观走访的原则是缺啥学啥，需要解决什么问题，就到那些解决问题好的单位去参观取经。

6. 开好讨论会

这是一种集思广益、群策群力的教育形式。开好讨论会，一是要有明确的主题，主题不明确，讨论起来就容易东拉西扯、漫无边际。二是要下提前准备，将要讨论的内容及中心主题事先告诉党员，使大家做好发言准备。三是要安排重点发言引路，使党员在讨论中有所启示。四是要创造良好的讨论气氛。在讨论中不要怕争论，争论才能辨明真理。当然要心平气和，要摆事实讲道理，不乱扣帽子。五是要善于引导和总结。讨论中如果发生偏离主题现象，主持人要善于引导大家重回主题，讨论会结束时，要用简明扼要的语言，条理分明地做好总结。

7. 严密组织生活

以严密组织生活手段达到教育目的，这是党小组协助党支部对党员进行教育的途径之一。采取严密组织生活实现教育目的，首先，应按时召开民主生活会，通过开展认真的批评和自我批评，使人受教育。其次，在党员中开展自我写实活动。党支部可制作印制《党员管理手册》，由党员本人填写，党小组认真考评，肯定成绩，指出不足，并限期克服改正。再次，遵照2014年6月印发的《关于在第二批党的群众路线教育实践活动中基层党组织召开专题组织生活会开展民主评议党员工作的通知》、2019年12月30日起施行的《党委（党组）书记抓基层党建工作述职评议考核办法（试行）》，结合2016年10月27日公布的《关于新形势下党内政治生活的若干准则》、2020年3月9日发布的《党委（党组）落实全面从严治党主体责任规定》最新精神，开展民主评议党员工作，通过民主评议和组织考察，检查评价每个党员的先锋模范作用，表彰优秀党员，清除腐败变质分子和处置不合格党员，提高党员素质，增强党组织的凝聚力和战斗力。

8. 把党员管理与党员教育结合起来

根据一些单位的经验，抓党员管理，必须结合党员教育进行，这样往往能收到较好的效果。这是因为：

（1）党员管理和党员教育是相互贯通的，不可截然分开。教育不是单纯的教育，而是通过教育去督促党员履行自己的义务，这本身就是一种管理。同时管理也不是单纯的管理，而是通过管理去增强党员的党性锻炼，这本身也是教育。由此可见党员管理和党员教育在一定意义上说是殊途同归的，二者都是手段，其目的是为了提高党员素质，增强党组织的执政能力建设和先进性建设。

（2）党员管理和教育又是相互依存的，缺一不可。一方面，教育要以管理作保证，离开严格的正常的组织管理，思想教育就难以落到实处，其效果也难以得到巩固；另一方面，管理要以教育为前提，离开深入细致的说服教育，再严格、再完善的组织管理措施也难收到好的效果。

党小组要正确认识党员管理与党员教育相辅相成的关系，坚持一手抓教育，一手抓管理。把教育融入管理之中，通过管理加强教育，二者相互促进，不断把党员管理教育工作推向更高的水平。

9. 组织党员贯彻执行支部的决议和上级指示，给党员分配工作，指导党员活动

组织党员贯彻执行上级党组织和党支部的决议，并检查党员执行决议的情况。中国共产党是中国工人阶级的先锋队，同时是中国人民和中华民族的先锋队，是中国特色社会主义事业的领导核心，代表中国先进生产力的发展要求，代表中国先进文化的前进方向，代表中国最广大人民的根本利益。因此，党的决定，党的路线、方针、政策和

决议，都是党和人民群众利益的集中体现，不折不扣地执行是党员必须遵守的政治纪律。要使全体党员共同努力为贯彻执行党的路线、方针、政策和决议而努力工作，需要党的各级组织做大量的组织工作和深入细致的思想工作。党小组长不仅自己要模范执行而且还要组织、督促、检查本小组的党员去贯彻执行和落实。

根据党支部工作的要求，给本组党员分配工作，指导党员活动，做好普通群众的思想政治工作。在党员人数较多、分布面较广的支部下面划分若干党小组，旨在加强党支部对党员的管理和教育，有利于组织党员开展各项活动，密切党群关系，保证党的路线、方针、政策和支部决议得以贯彻落实。党小组长必须把这些工作作为自己义不容辞的职责抓紧抓好。

链接

全面提高新时代党员教育培训工作质量
——中央组织部负责人就印发《2019—2023年 全国党员教育培训工作规划》答记者问

近日，经中央领导同志同意，中共中央办公厅印发了《2019—2023年全国党员教育培训工作规划》（以下简称《规划》）。《规划》公开发布之际，中央组织部负责人就《规划》的制定实施等问题，回答了记者的提问。

问：请您介绍一下这一轮《规划》制定的有关背景和重要意义。

答：党员教育培训是党的建设基础性经常性工作。习近平总书记和党中央高度重视党员教育培训工作，作出一系列重要论断、重大部署，指出"贯彻落实党的十九大精神，在新时代坚持和发展中国特色社会主义，要求全党来一个大学习"，强调"增强党员教育管理针对性和有效性"。中共中央办公厅2009年、2014年先后印发两轮五年规划，部署推进全国党员教育培训工作，各地区各部门各单位持续大规模培训党员，全党重教育抓培训的氛围日益浓厚。2019年5月6日，中共中央印发《中国共产党党员教育管理工作条例》，为加强新时代党员教育培训工作提供了基本遵循。为更好贯彻落实党中央关于党员教育培训工作部署要求，适应新形势新任务和党员队伍新情况，与上两轮规划相衔接，制定实施新一轮规划，以推动党员教育培训事业创新发展。

《规划》以党章为根本遵循，深入贯彻落实习近平新时代中国特色社会主义思想和党的十九大精神，认真落实新时代党的建设总要求，总结吸收实践经验，明确了今后5年党员教育培训工作的任务书、时间表、路线图。《规划》制定实施，对于提高党员教育培训工作质量，加强党员队伍建设，保持党的先进性和纯洁性，推动全面从严治党向纵深发展，夯实党长期执政基础，实现党伟大执政使命，具有十分重要的意义。

问：请您介绍一下《规划》有哪些主要内容和特点？

答：《规划》包括总体要求、习近平新时代中国特色社会主义思想教育培训、党员教育培训主要内容、党员教育培训方式方法、组织领导和基础保障5个部分，对党员教育培训工作进行全面部署。主要有4个特点：一是以加强党的政治建设为统领，突出习近平新时代中国特色社会主义思想学习教育，引导党员增强"四个意识"、坚定"四个自信"、做到"两个维护"。二是坚持从实际出发，聚焦突出问题、回应基层关切，提出目标任务、办法措施，增强党员教育培训针对性和有效性。三是注重守正创新，坚持实践证明行之有效的经验方法，同时紧跟时代步伐，结合当前党员教育培训工作面临的形势任务，加大改革创新力度。四是与党内其他有关规定配套衔接，将党员教育培训与管理、监督、服务紧密结合，加强系统集成，保持工作的连续性、协调性。

问： 如何理解和把握《规划》对今后 5 年党员教育培训工作提出的总体要求？

答：《规划》从指导思想和目标任务两个方面，明确了今后 5 年党员教育培训工作的总体要求。在指导思想上，强调把学习贯彻习近平新时代中国特色社会主义思想作为首要政治任务，以坚定信仰、增强党性、提高素质为重点，努力建设政治合格、执行纪律合格、品德合格、发挥作用合格的党员队伍，并提出坚持思想建党、理论强党、从严治党，坚持围绕中心、服务大局，坚持分类指导、按需施教，坚持联系实际、继承创新，坚持简便易行、务实管用 5 条基本原则。在目标任务上，适应新时代党员队伍建设需要，深化拓展上两轮规划大规模培训党员任务要求，提出用 5 年时间，有计划分层次高质量开展党员教育培训，把全体党员普遍轮训一遍，实现习近平新时代中国特色社会主义思想学习教育更加扎实深入、教育培训效果更加显著、新时代党员教育培训体系更加健全 3 个目标。这里要说明的是，《规划》涵盖整个党员教育工作，但在具体安排上更侧重于培训，这也使《规划》定位更准确、方向更明确，便于基层操作执行。

问： 用习近平新时代中国特色社会主义思想武装全党是党的十九大提出的重大政治任务，《中国共产党党员教育管理工作条例》对此专章作了规定，请问《规划》有哪些具体贯彻落实措施？

答： 习近平新时代中国特色社会主义思想是当代中国马

克思主义、21 世纪马克思主义，是广大党员提升理论素养、增长工作本领的思想宝库，是改造主观世界和客观世界的锐利武器。《规划》根据党的十九大精神和《中国共产党党员教育管理工作条例》规定，对习近平新时代中国特色社会主义思想教育培训作出具体部署。一是强调把学习贯彻习近平新时代中国特色社会主义思想作为首要政治任务，对各级党组织、党员教育培训机构、党员提出明确要求。二是提出建立健全习近平新时代中国特色社会主义思想学习教育长效机制，通过完善课程体系、开发教学案例和现场教学点、发挥"两微一端"等新媒体优势、健全理论学习考核评估制度等，推动学习教育往深里走、往心里走、往实里走。三是引导党员自觉做习近平新时代中国特色社会主义思想坚定信仰者和忠实实践者，同时强调党员领导干部应当坚持更高标准、更严要求，带头学习实践习近平新时代中国特色社会主义思想。总之，各级党组织和广大党员要把习近平新时代中国特色社会主义思想学习教育作为重中之重，在学懂弄通做实上下硬功夫，不断强化党的理论武装。

问：最新党内统计数据显示，全国党员总数超过 9000 万，遍布各行各业，教育培训需求不尽相同，请问《规划》对党员教育培训内容安排是怎么考虑的？

答：提高党员教育培训质量，很重要一点是要解决好"教什么"的问题。面向 9000 多万名党员，只有坚持按需施教，把组织要求和党员需求统一起来，精准设置内容，党员教育培训才能抓实抓好。为此，《规划》从 3 个方面提出要求。一是聚焦基本任务。突出政治功能，切实抓好习近平新时代中国特色社会主义思想教育培训，全面落实《中国共产党党员教育管理工作条例》提出的政治理论教育、政治教育和政治训练、党章党规党纪教育、党的宗旨教育、革命传统教育、形势政策教育、知识技能教育7个方面基本任务，对党员进行系统教育培训。二是围绕中心工作。着眼统筹推进"五位一体"总体布局和协调推进"四个全面"战略布局，紧扣今后5年党和国家重大决策部署、重要会议活动、重要时间节点，有针对性地开展党员教育培训。三是体现不同领域和群体特点。根据农村、街道社区、机关、事业单位、国有企业、非公有制经济组织、社会组织等领域党组织职责任务和基层党组织书记、新党员、青年党员、老年党员、流动党员等群体实际，分别提出党员教育培训的目标要求、重点内容，加强分类指导。以上三个方面都是原则性方向性的要求，为各级党组织安排教育培训内容提供了基本思路，在具体安排时要统筹考虑，结合实际确定。

问：请您谈一谈《规划》在改进党员教育培训方式方法、提高针对性和有效性方面，有哪些新举措？

答：党员教育培训工作要取得实实在在的效果，不仅要明确"过河"的任务，还要解决"桥和船"的问题，方式方法对路，才能事半功倍。《2014—2018年全国党员教育培训工作规划》在提高党员教育培训针对性和有效性上提出不少创新举措，对推进党员教育培训工作起到重要指导作用。本轮《规划》在上一轮规划的基础上，进一步改进党员教育培训方式方法。比如，明确了开展党员教育培训主要有集中培训、集体学习、个人自学和组织生活、实践锻炼5种组织方式，分别予以规范。比如，吸收基层新鲜经验，提出探索"课堂＋基地"实训模式，组织党员就近就便到红色基地学习、重温入党誓词、过"政治生日"等要求。比如，适应信息化发展趋势，针对党员教育信息化平台重复建设、智能化程度不高等问题，提出推动平台一体化建设、探索建立党员学习电子档案、研究制定加强新时代党员教育信息化建设的指导意见等措施。再比如，建立完善需求调研制度、集中轮训制度、学时制度，强化党员教育培训工作刚性约束。同时，强调党员领导干部除执行干部教育培训有关规定外，要带头参加所在单位的党员教育培训。

问：高质量完成党员教育培训任务，离不开必要的基础保障，请问《规划》对此提出了哪些办法措施？

答：基础保障不均衡不充分，是制约党员教育培训工作开展的一个重要因素，对此基层反映比较集中。根据今后5年党员教育培训实际需要，《规划》对加强基础保障提出以下4个方面措施。一是建强师资队伍，提出建立开放式党员教育培训师资库、落实党员教育讲师聘任制等要求。二是强化阵地建设，强调充分发挥各级党校（行政学院）在党员教育培训中的主渠道、主阵地作用，县级党校（行政学校）要将党员教育培训作为重要任务，对乡镇、街道等基层党校和党员教育培训基地、现场教学点建设，以及利用好党员活动室、党群服务中心、远程教育站点、新时代文明实践中心等提出要求。三是提高教材质量，提出加强全国党员教育培训教材建设规划，对开发党员教育培训基本教材、特色教材，开展教材展示交流活动等提出要求。四是加大经费保障力度，要求严格按照《中国共产党党员教育管理工作条例》有关规定，落实党员教育培训经费。加大对革命老区、民族地区、边疆地区、贫困地区党员教育培训工作基础保障的支持力度。

问：请问对贯彻落实《规划》有哪些具体要求？

答：学习宣传、贯彻落实《规划》是当前和今后一个时期的一项重要任务，各级党组织要高度重视，加强组织领导，制定具体措施，有计划有步骤推进党员教育培训工作。一是落实领导责任。各级党委（党组）要认真履行党建主体责任，党委（党组）书记要履行第一责任人职责。各级党员教育管理工作协调机构要落实党员教育培训联席会议制度，相关职能部门要密切配合，形成工作合力。二是加强学风建设。各级党组织要认真落实党中央关于加强学风建设的要求，力戒形式主义、官僚主义。党员教育培训机构要坚持从严治校、从严治教、从严治学。党员要端正学习态度，严守培训纪律。党员领导干部要在学习上发挥示范表率作用。三是严格考核评估。要将党员教育培训工作作为党委（党组）书记抓基层党建工作述职评议考核的重要内容。中央组织部将对《规划》实施情况进行中期和 5 年总结评估。

《2019—2023 年全国党员教育培训工作规划》学习问答

1. 党员教育培训工作总体要求是什么？

党员教育培训工作，以马克思列宁主义、毛泽东思想、邓小平理论、"三个代表"重要思想、科学发展观、习近平新时代中国特色社会主义思想为指导，认真落实新时代党的建设总要求，把学习贯彻习近平新时代中国特色社会主义思想作为首要政治任务，以坚定信仰、增强党性、提高素质为重点，坚持思想建党、理论强党、从严治党，坚持围绕中心、服务大局，坚持分类指导、按需施教，坚持联系实际、继承创新，坚持简便易行、务实管用，不断增强针对性和有效性，引导党员增强"四个意识"、坚定"四个自信"、做到"两个维护"，努力建设政治合格、执行纪律合格、品德合格、发挥作用合格的党员队伍。

2. 有计划分层次高质量开展党员教育培训需要实现哪些工作目标？

从 2019 年开始，用 5 年时间，有计划分层次高质量开展党员教育培训，把全体党员普遍轮训一遍，实现以下工作目标。

习近平新时代中国特色社会主义思想学习教育更加扎实深入，党的创新理论更加入脑入心，广大党员自觉践行新思想、适应新时代、展现新作为，在习近平新时代中国特色社会主义思想指引下，统一意志、统一行动、步调一致向前进。

教育培训效果更加显著，广大党员理想信念进一步坚定、党性观念进一步增强、宗旨意识进一步强化、能力素质进一步提升、纪律作风进一步过硬、先锋模范作用进一步发挥。

新时代党员教育培训体系更加健全，集中培训逐步走向常态，日常教育更加规范，推动形成教育和管理、监督、服务有机结合的党员队伍建设工作链条。

3. 如何进行习近平新时代中国特色社会主义思想教育培训？

（一）把学习贯彻习近平新时代中国特色社会主义思想作为首要政治任务。（二）建立健全习近平新时代中国特色社会主义思想学习教育长效机制。（三）引导党员自觉做习近平新时代中国特色社会主义思想坚定信仰者和忠实实践者。

4. 《规划》指出要把学习贯彻习近平新时代中国特色社会主义思想作为首要政治任务，各级党组织、党员教育培训机构和党员分别应该怎么做？

各级党组织要将习近平新时代中国特色社会主义思想学习教育摆在党员教育培训最突出位置，县级以上党委每年制定学习计划，列出必读书目和篇目，明确学习要求，基层党组织要结合党员日常教育管理认真抓好落实。

党员教育培训机构要将习近平新时代中国特色社会主义思想作为主课，全面纳入教学计划和教学布局。

党员要把习近平新时代中国特色社会主义思想作为必修课，读原著、学原文、悟原理，深刻理解习近平新时代中国特色社会主义思想的重大意义、科学体系、丰富内涵、精神实质、实践要求，掌握贯穿其中的马克思主义立场观点方法，增强政治自觉、理论自信、情感融入，做到真学真懂真信真用。

5. 如何建立健全习近平新时代中国特色社会主义思想学习教育长效机制？

以习近平新时代中国特色社会主义思想为中心内容，建立较为完备的课程体系。加强理论教育特点和规律的研究，开发一批学习贯彻习近平新时代中国特色社会主义思想的教学案例和现场教学点。通过专题讲座、报告会、学习论坛等多种形式进行深入浅出的解读阐述，领导干部要结合分管领域、分管工作带头宣讲。发挥"两微一端"等新媒体优势，组织党员在线学习。注重发挥党支部直接教育党员的作用，落实"三会一课"等制度，对党员开展经常性教育。健全理论学习考核评估制度，采取有效措施激发党员学习热情，推动学习教育往深里走、往心里走、往实里走。

6. 如何引导党员自觉做习近平新时代中国特色社会主义思想坚定信仰者和忠实实践者？

弘扬理论联系实际的马克思主义学风，引导党员把自己摆进去、把职责摆进去、把工作摆进去，对照习近平新时代中国特色社会主义思想检视思想言行，做到学思用贯通、知信行统一。引导党员结合岗位职责，认真学习贯彻习近平总书记关于本部门本行业本领域工作的重要论述和重要指示批示精神，提高运用科学理论解决实际问题能力，更好推动事业发展。大力选树和宣传学懂弄通做实的先进典型，引导党员自觉用习近平新时代中国特色社会主义思想武装头脑、指导实践、推动工作。党员领导干部应当坚持更高标准、更严要求，带头学习实践习近平新时代中国特色社会主义思想。

7. 党员教育培训的主要内容有哪些？

（一）聚焦基本任务。（二）围绕中心工作。（三）体现不同领域和群体特点。

8. 开展党员教育培训，需要抓好哪些基本任务？

根据《中国共产党党员教育管理工作条例》，适应新时代党员队伍建设需要，突出政治功能，切实抓好习近平新时代中国特色社会主义思想教育培训，全面落实政治理论教育、政治教育和政治训练、党章党规党纪教育、党的宗旨教育、革命传统教育、形势政策教育、知识技能教育等7个方面基本任务，把党性教育和理想信念教育贯穿始终，以坚持和完善中国特色社会主义制度、推进国家治理体系和治理能力现代化为目标，对党员进行系统教育培训。

9. 如何有针对性地开展党员教育培训？

结合"不忘初心、牢记使命"主题教育，重点加强党的创新理论、理想信念、政治纪律和政治规矩等教育培训；围绕贯彻落实新发展理念、实施七大战略、打好三大攻坚战等，重点加强党的路线方针政策、世情国情党情、总体国家安全观等教育培训；聚焦全面建成小康社会、中国共产党成立100周年，重点加强党史、新中国史，党的优良传统、中华优秀传统文化，社会主义核心价值观、爱国主义等教育培训，引导党员把思想和行动统一到党中央决策部署上来，始终保持奋斗精神和革命精神，敢于斗争、善于斗争，在时代大潮中建功立业。

10. 农村如何开展党员教育培训？

在农村，重点围绕贯彻落实习近平总书记关于"三农"工作的重要论述、打赢脱贫攻坚战、实施乡村振兴战略、推进农业农村现代化开展党员教育培训。

11. 街道社区如何开展党员教育培训？

在街道社区，重点围绕巩固党在城市执政基础、加强城市治理、服务社区群众、建设美好家园开展党员教育培训。

12. 机关如何开展党员教育培训？

在机关，重点围绕建设让党中央放心、让人民群众满意的模范机关开展党员教育培训。

13. 事业单位如何开展党员教育培训？

在事业单位，重点围绕深化改革、提高绩效、促进事业发展开展党员教育培训，学校重点围绕坚持马克思主义指导地位、落实立德树人根本任务、培养社会主义建设者和接班人开展党员教育培训。

14. 国有企业如何开展党员教育培训？

在国有企业，重点围绕加强党对国有企业的领导、深化国有企业改革、实现国有资产保值增值开展党员教育培训。

15. 非公有制经济组织如何开展党员教育培训？

在非公有制经济组织，重点围绕贯彻党的方针政策、严格遵守国家法律法规、团结凝聚职工群众、维护各方合法权益、促进企业健康发展开展党员教育培训。

16. 社会组织如何开展党员教育培训？

在社会组织，重点围绕坚持正确政治方向、有序参与社会治理、提供公共服务、承担社会责任开展党员教育培训。

17. 民族地区如何开展党员教育培训？

民族地区要重点围绕贯彻党的民族政策、做好民族工作，对党员加强党的意识、中华民族共同体意识和马克思主义国家观、历史观、民族观、文化观、宗教观等教育培训。

18. 对基层党组织书记应重点开展哪方面的教育培训？

对基层党组织书记，重点开展党的创新理论、党建工作实务、群众工作、基层治理等教育培训，努力建设一支守信念、讲奉献、有本领、重品行的基层党组织带头人队伍。

19. 对新党员应重点开展哪方面的教育培训？

对新党员，重点开展党的基本知识、党性党风党纪、党的优良传统等教育培训，强化思想入党，提升他们的政治觉悟和理论素养。

20. 对青年党员应重点开展哪方面的教育培训？

对青年党员，要进行系统理论教育和严格党性锻炼，引导他们传承红色基因、培养奋斗精神、练就过硬本领。

21. 对老党员应重点开展哪方面的教育培训？

对老年党员，重点开展党的创新理论、形势政策等教育培训，引导他们保持革命本色、发挥传帮带作用。

22. 对流动党员应重点开展哪方面的教育培训？

对流动党员，重点开展党员意识、组织观念、纪律规矩等教育培训，引导他们主动接受党组织的教育管理，自觉参加组织生活，充分发挥作用。

23. 对下岗失业人员中的党员应重点开展哪方面的教育培训？

对下岗失业人员中的党员，要将党的理论教育和党性教育与开展政策学习和技能培训结合起来，帮助他们增强就业创业信心和能力。

24. 党员教育培训方式方法有哪些？

（一）完善组织形式。（二）丰富教学方式。（三）创新运用信息化手段。（四）健全培训制度。

25. 如何丰富党员教育培训教学方式？

灵活运用讲授式、研讨式、模拟式、互动式、观摩式、体验式等教学方法，探索"课堂＋基地"实训模式，增强教育培训的吸引力感染力。加强案例培训，选好用好各条战线各个领域各个行业的生动鲜活案例。开展典型教育，引导党员学习重大先进典型和身边榜样，运用反面教材加强警示教育。组织党员就近就便到红色基地学习、重温入党誓词、过"政治生日"。

26. 集中轮训制度如何具体实施？

坚持集中轮训制度，各级党委（党组）每年就党员集中轮训工作作出安排，分期分批组织实施；组织基层党组织书记每年至少参加 1 次县级以上党委举办的集中轮训，对新任基层党组织书记一般应在半年内进行任职培训；预备党员在预备期内和转正后 1 年内一般要各参加 1 次由上级党组织组织的集中培训；大力实施农村党员春训冬训。落实学时制度，党员每年参加集中培训和集体学习时间一般不少于 32 学时，基层党组织书记和班子成员每年参加集中培训和集体学习时间不少于 56 学时、至少参加 1 次集中培训。

27. 如何落实领导责任？

各级党委（党组）要认真履行党建主体责任，党委（党组）书记要履行第一责任人职责，加强对党员教育培训工作的组织领导。党支部要落实抓党员日常教育工作的直接责任。各级党员教育管理工作协调机构要落实党员教育培训联席会议制度，组织部门要发挥牵头抓总作用，相关职能部门要密切配合，形成工作合力。

28. 如何夯实基础保障？

各级组织部门和党员教育培训机构要建立开放式党员教育培训师资库。落实党员教育讲师聘任制，县级以上党委选聘一批政治素质过硬、实践经验丰富、理论水平较高的党员教育讲师，实行动态管理，注重发挥党员教育讲师的积极性、主动性、创造性。鼓励建立党员教育培训志愿者讲师队伍。抓好党员教育工作者专业化能力培训。充分发挥各级党校（行政学院）在党员教育培训中的主渠道、主阵地作用，县级党校（行政学校）要将党员集中培训作为重要任务。加强和规范乡镇、街道等基层党校和党员教育培训基地、现场教学点建设。利用党员活动室、党群服务中心、远程教育站点、新时代文明实践中心等开展党员日常教育培训。

中央组织部要联合有关部门加强全国党员教育培训教材建设规划，组织编写新时代党员教育培训基本教材，摄制重大题材专题教育电视片，定期开展党员教育培训教材展示交流活动。

各地区各部门各单位党委（党组）可结合实际，开发各具特色、务实管用的党员教育培训教材。

抓好少数民族语言教材的制作和译制工作，开发民族地区党员教育培训双语教材。

各级党组织要为党员推荐学习书目，提供学习资料。

严格按照《中国共产党党员教育管理工作条例》有关规定，落实党员教育培训经费，保证工作需要。

加大对革命老区、民族地区、边疆地区、贫困地区党员教育培训工作支持力度。

29. 如何加强学风建设？

各级党组织要认真落实党中央关于加强学风建设的要求，加强指导和监督，严肃工作纪律，力戒形式主义、官僚主义，防止教育培训表面化、程式化、庸俗化，防止学用脱节、空洞说教，防止不分层次对象"一刀切"、"一锅煮"，防止多头调训、重复培训、长期不训，防止检查过多、过度留痕。

党员教育培训机构要坚持从严治校、从严治教、从严治学。党员要端正学习态度，严守培训纪律。党员领导干部要先学一步、学深一层，发挥示范表率作用。

30. 如何进行考核评估？

要将党员教育培训工作作为党委（党组）书记抓基层党建工作述职评议考核的重要内容。

结合组织生活会、民主评议党员等，组织党员述学评学。

将党员教育培训考核结果，作为党组织和党员评先评优的重要依据。

各地区各部门各单位党委（党组）要结合实际抓好本规划的贯彻落实。

中央组织部要对本规划实施情况开展中期和 5 年总结评估工作。

第三节　协助党支部做好党员管理工作

党员管理是党组织的一项经常性工作，即围绕党员队伍建设所开展的各项工作。主要是指党组织按照十九大党章的有关规定，通过一定的方式、手段，使党员正确履行义务、行使权力的过程。我们党有 9500 多万名党员，生活工作在社会主义现代化建设事业的各个岗位上，共产党员先锋模范作用发挥得好坏，直接关系到我们事业的成败。所以，党组织必须通过一定的方式对党员进行教育和管理，严肃党的组织生活，监督党员切实履行义务，遵守纪律，保障共产党员的权利不受侵犯。

协助党支部做好党员管理工作，是党小组义不容辞的责任，也是加强党小组建设的重要方面和提高党小组战斗力的重要措施。因此，党小组要根据党章以及党支部的要求，从本小组的实际情况出发，切实做好这项工作。

一、有针对性地做好党员的思想工作

党小组对本小组全体党员的基本情况要了如指掌，这是搞好党员管理的前提。首先，要掌握党员的自然情况，包括兴趣爱好、性格特点等。其次，要通过听取党员汇报、与党员交朋友、家访、谈心等方法，随时掌握每个党员的思想、工作、学习、身体情况，以便有针对性地做好党员思想的工作，尽力帮助解决工作生活中的一些实际困难，鼓励党员加强政治和业务学习等。同时，还要关心党员的身体情况，分配工作时考虑到力所能及，使每个党员都能经常感受到组织的温暖，增强党小组的凝聚力。

二、发挥党员的先锋模范作用

党小组要通过党的会议等形式，认真检查党员履行义务的情况，提高党员发挥作用的自觉性、督促其按党员标准严格要求自己。

要为党员发挥作用创造必要的条件和形式。积极开展党群共同致富小组、党员责任区、党员建功立业等活动，把党员和群众组合在一起，为党员发挥作用创造环境和条件。

党小组要根据党的中心工作和党支部的部署，对党员如何提高发挥先锋模范作用提出要求，并分配一定的具体工作，限期按质按量完成，督促党员起到先进分子的作用。

通过党小组会、民主评议党员、党员工作目标管理等方式和方法，对发挥先锋模范作用突出的党员进行宣传表彰，树立先进典型，对长期消极落后，不起作用的党员，进行批评帮助，直至建议党支部给予组织处理，以鼓励先进、督促后进、带动中间。

三、严格党的组织生活，加强党内监督

每个党员都必须参加党的组织生活，接受党的监督。这是党章规定的一项制度，也是加强党员管理的一项重要措施。党小组要把组织

党员过好组织生活作为自己的主要任务之一，并通过严格组织生活监督党员履行义务，发挥先锋模范作用。

对编在本党小组的党员领导干部，党小组要像要求普通党员一样，给他们分配工作，检查、督促他们完成支部交办的任务，不容许党内有不参加组织生活、不接受监督的特殊党员。

对短期外出的党员、务工经商的党员，党小组要采取建立外出党员登记卡、外出党员手册、党员与党小组定期走访外出党员工作单位等形式，加强外出党员与党小组的联系，使党小组能及时掌握外出党员的思想工作情况，对于长期外出学习、务工经商的党员，党小组要帮助他们及时接转组织关系，或者根据外出党员从业结构的变化，按照行业或行业接近的原则，在乡镇企业、经济联合体、集贸市场等外出党员集中的地方建立党小组，使外出党员无论走到哪里都能生活在组织之中，都能发挥作用。

1. 协助支部做好民主评议党员和处置不合格党员工作

开展民主评议党员和处置不合格党员活动，是贯彻全面从严治党方针，加强党员队伍建设，提高党员素质的行之有效的制度，是对党员进行经常性教育、管理和监督的重要手段。党小组要在党支部的领导下，开展认真的批评与自我批评，做深入细致的思想工作，切实组织好本小组党员的评议、鉴定以及不合格党员的组织处理工作，以保持本小组党员队伍的先进性。

在民主评议各阶段中党小组应主动配合党支部做好以下工作：

在学习教育阶段，党小组应根据党支部的部署和安排，帮助支部摸清本小组党员的思想情况和工作情况；组织好党小组的学习和讨论，对本小组党员提出具体要求；及时向支部反映学习讨论情况和每个党员的思想状况。

在自我评议和民主评议阶段，党小组应召开会议或采取个别谈心的方法，帮助党员找准自身存在的问题，勇于开展批评和自我批评，严于解剖自己；帮助党员正确对待党内外的意见和批评，进一步端正思想认识，正确对待自己、正确对待组织、正确对待群众。

在组织考察阶段，党小组有责任把党员的日常表现等情况向党组织介绍。

在组织处理阶段，对评议中揭露出的少数党员违法乱纪等问题，党小组有责任帮助支部搞好调查核实工作；对评为基本不合格的党员，党小组要帮助他们制定出争做合格党员的规则；对被限期改正的党员，要落实帮教措施，定期谈话、考核，加强教育和管理；对开除出党的或受到党纪处分的党员，党小组要协助支部做好深入细致的思想工作，关心他们的工作和生活。在对党员进行组织处理或给予纪律处分之前，一般应由党员所在的党小组进行充分的酝酿讨论，提出意见，但不是必须手续，党小组对于评议中暴露出来的党小组工作中某些缺点和问题，要认真总结经验，吸取教训，进一步建立健全党小组的各项制度，改善党小组活动的内容，提高党小组活动的质量。同时，也要积极为加强、改进党支部的自身建设提出建议和意见。

2. 协助支部做好党员党性分析评议活动

中央要求，每年由县级以上党委作出安排，集中开展一次党员党性分析评议活动。党小组要协助党支部认真抓好各项工作，组织党员对照党章规定、新时期保持共产党员先进性的基本要求和所在党组织提出的具体要求，从思想、学习、工作、纪律和作风等方面查找问题，从世界观、人生观和价值观上分析原因，切实搞好整改。要在搞好思想发动、征求群众意见、开展谈心交心和撰写党性分析材料的基础上，召开专题组织生活会，组织党员逐一进行分析评议。党支部要根据党员的一贯表现、征求到的意见和专题组织生活会的评议情况，对每个党员提出综合评议意见，督促党员整改，并采取适当方式向党员、群众通报有关情况。党员领导干部还要从学习贯彻习近平新时代中国特色社会主义思想和正确政绩观方面，从权力观、地位观和利益观方面进行深入剖析；要带头执行组织生活的各项制度，自觉参加双重组织生活，带头开展批评和自我批评。

对不履行党员义务、不符合党员条件的党员，要及时帮助教育，促其改正；对经教育不改的，要按照党章和党内有关规定作出处理。

3. 协助支部做好党员鉴定

相隔一定的时间，党小组要协助党支部对党员的政治思想、本职工作、党风党纪、组织观念、群众工作等方面情况做一次全面的鉴定，或根据需要（如整党、民主评议党员等）对党员进行鉴定，是加强党员教育和监督，考察党员情况的一种有效方法。在进行这项工作时，党小组首先协助支部做好思想动员，说明鉴定的目标和意义以及应注意的问题，以消除顾虑、提高认识、端正态度。然后以党小组为单位，由党员本人作出客观的全面自我鉴定，再由其他党员进行评议，肯定优点，指出缺点和努力方向。在党小组鉴定的基础上，党支部经过讨论，正式作出组织鉴定。组织鉴定一定要实事求是，恰如其分，并同本人见面。

党员对组织鉴定如有不同意见，可以提出自己的意见。如果意见正确，党组织应予采纳。如果意见不正确，党组织应耐心地说服解释，如经解释仍坚持自己的意见，本人可保留，或将本人意见附上。

4. 教育和监督党员遵守党的纪律，协助支部处理违纪党员

党的纪律是党的各级组织和全体党员必须共同遵守的政治生活准则和言论行动的规范。它是实现党的路线、方针、政策的可靠保证，是维护党的团结、统一的有力武器，是保持党的队伍纯洁的重要条件，也是党员管理的必要手段。党小组要经常对本小组党员进行党纪教育，不断提高党员的纪律观念，使党员不犯错误或少犯错误。同时，要注意发现本小组的违纪党员，并及时向党支部反映，在党小组内对违纪党员进行批评教育，协助党支部作出相应的处理。

5. 加强对预备党员的管理

预备党员的管理主要是指对预备党员的教育和考察，使其按期按党员条件转为正式党员的全过程，这方面主要内容是党组织及时将上级党委批准的预备党员编入党小组，通过党的组织生活和实际工作的锻炼，把对他们继续教育、考察和发挥作用融为一体，其具体要求是：一是预备党员调动工作时，调出单位党组织将其教育考察的情况，认真负责地介绍给调入单位党组织。二是临时外出工作、学习的预备党员，预备期满时由原单位党组织讨论其转正问题，临时所在单位党组织应向其原单位党组织介绍情况。总之，加强预备党员的管理，能有利于促使他们思想上入党。三是在开展各种组织活动中，如党员脱产学习、竞赛活动、目标管理等，把预备党员管理寓于各项活动之中。四是做好预备党员的思想政治工作，搞好预备党员教育，加强对预备党员的思想管理。

四、按时收缴党费

按时交纳党费，是党员对党应尽的义务，是党员关心党的事业的具体表现。党员交纳党费，不仅是在经济上资助党，更重要的是可以增强党员的组织观念。党小组要教育党员自觉地按期交纳党费。

在党员较多的支部，一般由党小组长代收党费，党小组要建立党费收缴登记册，每月收缴一次，并认真进行登记、汇总，送交党支部。党小组长应定期公布党费交纳的情况。对党费收缴、上缴的有关收据、回执要妥善保管，以备检查。

对党员交纳党费的要求：

1. 本人交纳党费

在一般情况下，党员必须亲自向所在党组织交纳党费。只有在特殊情况下，如出差在外或病重等，本人交纳党费确有困难时，党小组报请支部批准，可以允许他委托其他同志或家属转交。

2. 必须按期交纳党费

在一般情况下，党员应按月交纳党费。如因长期出差或其他特殊原因，本人按月交纳党费有困难的，党小组报请支部批准，可以允许他提前交纳党费或回单位后补交党费。对于没有正当理由不按期交纳党费的党员，党小组应该及时进行教育和批评，党员没有正当理由连续 6 个月不交纳党费，就被认为是自行脱党，经批评教育后仍不改正的，党小组应报请支部作出组织处理。

3. 必须按规定交纳党费

党员应按规定交纳党费，不可以少交。党员如果用整钞交纳党费，党小组长应按交纳标准，将多余部分找给党员。党员交纳党费必须使用人民币（包括硬币），不能用单位食堂的饭菜票、浴票、理发券等有价证券交纳党费。党员交纳党费是件严肃的事，如发现用有价证券交纳党费的情况，党小组必须及时进行教育。

第四节　协助党支部做好思想政治工作

掌握和了解每个党员的思想、工作和学习情况，有针对性地对党员进行思想教育，经常反映群众的意见和要求。党小组长同本小组内的党员接触最多、最直接，在掌握、了解本小组内党员的思想、工作、学习、生活情况方面有着特殊的优势，把这些情况及时反映给上级党组织，做到下情上达，有针对性地做好思想教育工作，是党小组长义不容辞的责任。

党的思想政治工作是一门科学。是以人为对象，解决人的思想、观点、政治立场问题的工作。就是为了实现党的奋斗目标和人民群众的根本利益，通过说服、激励、告知等方式，使人们的思想、观念、政治立场向积极的方向转变，提高人们的思想觉悟和认识能力，陶冶情操，使人们意气风发地投入社会主义现代化建设事业之中。这是我党宣传群众、动员群众、教育群众的强有力的思想武器，是我国革命和建设事业取得胜利的重要保证。

一、党小组思想政治工作的基本原则

做好思想政治工作要坚持以人为本，从政治、思想和生活上关心、爱护、帮助党员。组织党员开展经常性谈心活动，沟通思想，相互启发教育。经常分析党员思想状况，及时解决思想问题，增强思想政治工作的预见性、针对性和实效性。大力宣传优秀党员先进事迹，发挥先进典型的示范引导作用。

我们党在长期的革命和建设实践中，形成了一整套思想政治工作的基本原则。这些原则完全适用于党小组思想政治工作。主要是：

1. 正面教育为主和疏导的原则

思想政治工作以人为对象，以提高人的觉悟为目的。因此在思想政治工作中，必须坚持正面教育为主和疏导的原则。所谓正面教育为主，包含4个方面的内容：

（1）进行系统教育。要深入学习贯彻中国特色社会主义理论体系，着力用马克思主义中国化最新成果武装全党。思想理论建设是党的根本建设，党的理论创新引领各方面创新。要按照建设学习型政党的要求，紧密结合改革开放和现代化建设的生动实践，深入学习马克思列宁主义、毛泽东思想、邓小平理论、"三个代表"重要思想、科学发展观、习近平新时代中国特色社会主义思想，坚持用发展着的马克思主义指导客观世界和主观世界的改造，进一步把握执政规律、社会主义建设规律、人类社会发展规律，提高运用科学理论分析和解决实际问题能力。加强党员、干部理想信念教育和思想道德建设，牢固树立"四个意识"、增强"四个自信"、做到"两个维护"，使广大党员、干部成为实践社会主义核心价值体系的模范，做共产主义远大理想和中国特色社会主义共同理想的坚定信仰者、习近平新时代中国特色社会主义思想的忠实执行者、"四个自信"的自觉实践者、社会主义核心价值观的积极促进者。

（2）树立正面典型。即大力表彰宣传那些坚持四项基本原则，坚持改革开放，在发展中国特色社会主义中涌现出来的先进人物，特别是群众身边的先进人物，起到感染人、鼓舞人、教育人的作用。

（3）坚持表扬为主。即善于发现工作对象的优点和长处，及时给予表扬、鼓励，以调动积极因素，克服消极因素，引导人们积极向上。

（4）搞好预防教育。在一定时期，当某种倾向性问题刚刚露头或可能发生的时候，要及时进行教育和疏导，打招呼、敲警钟，防范在先，把问题解决在萌芽状态之中。

所谓疏导，包括疏通和引导两个方面。疏通就是广开言路，集思广益。要做到这一点，就必须充分发扬民主，创造条件，让大家畅所欲言，把各种不同的看法、意见和心里话都讲出来。然后集中正确的意见，摈弃不正确的意见，在这个基础上统一人们的思想，调动人们的积极性。引导，就是在广开言路、集思广益的基础上，通过马克思主义的教育，提高人们的思想觉悟，帮助人们实事求是地认识和分析问题，把群众的思想引导到党的路线、方针、政策上来。

贯彻疏导的原则，需要注意：第一，要让群众讲话，让群众把话讲完。不能一听到不同意见就把人家顶回去，更不能压制批评，打击报复，给人家"穿小鞋"。第二，不能疏而不导，不分是非，不敢批评，听任错误思想发展。对错误思想和不合理要求，不能无原则地迁就，正确开展批评与自我批评。第三，要把坚持疏导和执行纪律结合起来。不能因为强调疏导而不要党纪、政纪，也不能用执行纪律代替必要的疏导。应该把二者结合起来，互相补充，互为作用。

2. 理论与实际相结合的原则

开展思想政治工作，一要有理论指导，二要深刻地了解实际，三要把理论和实际有机地结合起来。在党小组开展的思想政治工作中，坚持理论与实际相结合的原则，必须注意以下几点：

第一，必须深入到党员中去，真正了解党员的思想实际。这是党小组工作的长处，也是做好党小组思想政治工作的前提和出发点。因为每一个党员的经历、环境、文化程度不同，担负的工作职责不同等因素，党员之间存在思想上的差异性，只有深入到党员之中，真正了解到党员的思想实际，才能有效地开展思想政治工作。

第二，对党员的思想实际要做具体分析。科学地分析党员的思想实际，才能正确有效地开展思想工作。

第三，要做到有的放矢。根据党员的思想实际进行说理教育，用马克思主义立场、观点、方法这个"矢"去射群众的思想实际、工作实际这个"的"，对不同的人及其发展变化着的思想，必须深入细致地调查研究，做到具体问题具体分析，有针对性地解决群众中的各种思想问题。

3. 与经济工作、业务工作一道去做的原则

思想政治工作是经济工作的生命线。但思想政治工作又需紧紧围绕和服务于经济工作，把思想政治工作贯穿、渗透到一切经济工作、业务工作中去，并最终体现在提高经济效益和工作效果上，从而使思想政治工作落到实处，避免流于形式和空谈。党小组应努力做到：

（1）组织周围群众开展劳动竞赛，从而促进生产和工作，激发群众建设中国特色社会主义的积极性，增强主人翁意识。

（2）当生产或工作上遇到困难的时候，完不成生产、工作任务的时候，党小组要积极宣传、鼓动群众，并以党员的模范行动，带动群众克服困难，努力完成生产、工作任务。

（3）在生产、工作中，由于这样那样的原因，群众必然要产生一些思想问题，从而影响生产、工作的顺利进行，党小组要及时发现问

题，耐心细致地做思想政治工作，使群众对生产和工作始终保持饱满的热情和充沛的精力，以促进生产和工作任务的完成。

4. 民主的原则

思想政治工作的民主原则，就是要求教育者同被教育者平等相处，决不以教育者的身份居高自傲，而是要尊重党员的民主权利，平等待人，以人为本。在党小组思想政治工作中，怎样体现民主的原则：

一是要认识到党员之间是平等的同志关系，不论职位高低，都必须真心实意地尊重人、理解人、关心人，否则，就会在同志之间产生不信任感，甚至对你敬而远之。

二是要信任人，爱护人。党内同志间存在缺点，或者犯有错误是难免的。缺点错误既有主观原因，也有客观原因。信任人，就是对有缺点错误的同志不疏远，不冷嘲热讽，而是主动接近，热情帮助；当有的同志在工作上或生活上遇到困难时，要尽力帮助解决，这是从本质上信任同志、爱护同志的实际表现。

三是民主原则。要虚心听取别人对自己的意见，对正确意见，不仅要虚心听，而且要认真改正。

四是发扬民主并不等于放任自流。我们所说的民主，是集中指导下的民主。对群众中不正确的思想，要认真引导，不能迁就和充当群众的尾巴。

5. 解决思想问题与解决实际问题相结合的原则

人们的思想问题，一部分属于思想认识和思想意识问题，一部分则是由于某些实际问题引起的，是群众生产、生活中各种实际困难的反映。因此，在做群众的思想政治工作中，必须注意把解决思想问题同解决实际困难结合起来。在解决思想问题时要了解群众疾苦，帮助解决实际问题；解决实际问题的同时要进行思想教育，帮助群众提高觉悟。对党小组能解决的问题，比如扶贫帮困、带领群众共同致富，群众中因缺少人手出现的一些困难等，党小组要尽可能地帮助解决，把党的温暖送到群众的心上。对党小组力所不及的问题，要认真负责地向上级党组织或行政领导反映。对条件所限一时难以解决的困难和问题，要耐心向群众解释，使他们体谅国家和集体的困难，同时要指明前景，给群众以信心和希望。这样，思想政治工作就会有血有肉，具有较强的说服力和感染力。

6. 思想教育与加强管理、严格纪律相结合的原则

执行纪律，也是一种教育。它是思想政治工作的辅助手段。只讲说服教育，没有必要的纪律，说服教育就失去了组织纪律保证。党小组在做思想政治工作时，对犯了这样那样错误的同志，一方面，要做艰苦细致的工作，摆事实，讲道理，循循善诱，不能简单急躁，鲁莽从事，乱打棍子，乱扣帽子；另一方面，也要看到教育不是万能的，对错误严重、屡教不改的人，党小组应及时地向党支部或行政领导反映情况，建议实施必要的纪律处分，使耐心的思想教育与严格的组织纪律密切结合起来。

7. 身教与言教相结合的原则

思想政治工作，一方面靠说，即大量的说服教育工作，另一方面靠做，即以自己的模范行动去引导群众。后者比前者更为重要。党小组在做思想政治工作中必须做到这一条：凡是需要动员群众做的，必须首先从自己做起；凡是需要动员群众不做的，自己首先不做。这是做好党的思想政治工作的重要条件。如果自己的模范作用很差，甚至落后于群众，那就根本不可能有威信，不可能有力量去做好群众的思想工作。

二、党小组思想政治工作的主要方法

我们党对广大群众的思想政治工作有着丰富的经验，逐步形成了一整套比较完整的党对群众进行思想政治工作的方法，适合党小组使用的主要有：

1. 系统灌输的方法

系统灌输法就是向党员和群众进行系统的马克思列宁主义、毛泽东思想、邓小平理论、"三个代表"重要思想、科学发展观、习近平新时代中国特色社会主义思想和党的路线、方针、政策、决议的教育。

目前，在我国实行对外开放方针的条件下，党的组织包括党小组必须坚持对人民群众进行经常性的思想政治教育，通过系统灌输的方法，使人民群众掌握马克思列宁主义、毛泽东思想、邓小平理论、"三个代表"重要思想、科学发展观、习近平新时代中国特色社会主义思想和党的基本路线等知识，用马克思主义中国化最新成果和先进文化影响人的精神和灵魂，渗透社会生活各个方面，这样才能保证中国特色社会主义方向，培养一代代自觉的中国特色社会主义建设者。

党小组运用系统灌输法，要加强计划性，从实际出发，对党员和群众的思想政治教育作出全面安排；要坚持系统性，在一段时间内，集中进行某一方面的教育，不断积累教育的成果；要增强实效性，针对不同时期、不同层次的需要和特点，采取启发的方式，真正达到教育的目的。

2. 目标激励的方法

目标激励法就是通过提出振奋人心、切实可行的奋斗目标，激励群众奋发进取的精神，并转化为推动生产、工作进步的巨大物质力量。我们党历来重视目标激励的作用，近几年来，随着生产经营目标管理和思想政治工作目标管理的逐步推广，目标激励的作用更加突出。

运用目标激励法，必须把建设社会主义现代化国家的目标与单位、个人的奋斗目标有机地结合起来，教育干部和群众自觉地做到胸怀全局，立足本职，脚踏实地为实现中华民族伟大复兴的中国梦的宏伟目标而努力奋斗。

（1）要发动群众，在充分酝酿的基础上，制定出党小组所在集体切实可行的奋斗目标。这些目标，既不能高不可即，挫伤群众的积极性，也不能降低要求，达不到激励作用。

（2）要向群众广泛深入地进行4个层次奋斗目标的教育，即共产主义远大目标的教育、建设社会主义现代化国家目标的教育、本单位奋斗目标的教育、党小组所在集体奋斗目标的教育。使群众达到4个明确：明确实现目标的重要性、必要性；明确实现目标的客观依据、有利条件和必须克服的困难；明确实现目标的步骤和具体措施；明确在实现目标进程中对每一个人的要求。

（3）对党小组所在集体的目标进行分解、落实，使每一个人都把自己的生产、工作同单位的奋斗目标紧紧联系在一起，从而把群众凝聚在一个共同的目标之下，起到巨大的驱动作用。

3. 寓教于乐的方法

寓教于乐就是把党的思想政治工作同开展健康向上、生动活泼、丰富多彩的文体活动结合起来，使群众从中陶冶情操，受到教育。这是做好群众的思想教育工作的重要方法之一。它可以避免空洞说教，使人们在各种活动中，发展有益的兴趣爱好，增进相互了解，培养集体主义精神，自觉抵制各种错误思潮和腐朽思想的影响，培养科学的、健康的、文明的生活方式，使群众真正成为奋发进取的社会主义劳动者和建设者。因此，党小组应当积极创造条件，开展学习研讨、社会调查、影视评论、体育竞赛等活动，充实和丰富群众的业余文化生活。同时，要注意正确引导，把思想性、知识性与趣味性有机地结合起来，使群众真正在各项活动中受到教育和启迪。

4. 典型示范的方法

典型示范法就是通过榜样的力量进行思想教育的方法。我们党在思想政治工作中，历来重视培养、树立和宣传各个方面的典型，使群众学有榜样，赶有目标，靠榜样的力量吸引和带领群众一道前进。

党小组运用典型示范的方法，一是要组织党员和群众学习全国的、地区的、本系统和本单位的典型，并对照自己的思想和工作，找差距、查不足，努力向模范人物看齐。二是要注意树立自己的典型，表扬本集体内的好人好事，号召周围的群众向他们学习，这往往更能起到调动积极性的作用。但应注意的是，树立的典型要有广泛的群众基础，并且不能搞"终身制"，既要注意不断巩固提高老典型，又要发现和树立新典型。同时还可以抓住反面典型，进行教育，使群众提高辨别能力，从中接受教训，增强免疫力。

5. 因人施教的方法

因人施教法就是根据不同人的不同思想问题，进行有针对性的个别思想教育的方法。党小组的思想政治工作对象，是由在年龄、文化知识水平、家庭环境、个人经历以及劳动分工等方面都有很大差异的人员构成的，这就在客观上形成了思想水平的多种层次。我们在给予每一个群众以信任和鼓励的同时，不能不承认各自在成长过程中所表现出来的政治觉悟与才能的差异。这就要求思想政治工作必须根据不同情况、不同问题、不同对象，选择不同的教育方法，因人施教，对症下药，而不能用一种方法、一个模式去解决各种问题。做到了这一点，思想政治工作才能有的放矢，收到实效。因此，在思想政治工作中，必须运用科学的思想方法和工作方法，仔细地观察人，深入地了解人，认真地研究人，实事求是地对待人，真正做到掌握思想、弄清情况、摸准问题、因人施教。

6. 个别谈心的方法

个别谈心法是思想政治工作中最常见的方法，是党小组解决思想问题的主要方式之一。通过个别谈心，可以了解对方的情况，疏通思想，联络感情，解决矛盾，增进团结。因此，党小组在思想政治工作中，要掌握个别谈心的艺术。

（1）创造良好的气氛。谈话开始时，可根据谈话对象的觉悟程度、文化素养、思想情绪以及气质、性格、爱好，先谈一些双方共同语言较多的话题，拉近谈心双方的距离，为谈心创造一个良好的开端。如发现对方情绪不对，也可改日再谈，以免谈心开始就形成僵局。

（2）自然地转入正题。在形成良好的气氛后，可谈一些虽不涉及正题，但又与正题有联系的话题，自然而然地将话题引到正题上来。

（3）把握谈话的态度和分寸。谈心要以诚相待，态度和蔼，讲心里话。同时要认真倾听对方的意见，合理地加以承认、肯定或答应在条件允许时给予解决，不正确的要耐心说服和解释，必要时也要心平气和但又不失原则地提出批评。

（4）适时结束谈话。谈话进入正题后，要根据谈话的情况和各人的心理特点，适时结束谈话，以取得谈心的最好效果。对一次谈心达到目的的，要注意做好巩固的工作；对有些事、有些人一时谈不通的，要不厌其烦地做多次工作。

链接

中共中央 国务院印发
《关于新时代加强和改进思想政治工作的意见》

在中国共产党成立 100 周年之际，2021 年 7 月 31 日，《人民日报》全文刊发了中共中央、国务院印发了《关于新时代加强和改进思想政治工作的意见》（以下简称《意见》）

《意见》指出，思想政治工作是党的优良传统、鲜明特色和突出政治优势，是一切工作的生命线。加强和改进思想政治工作，事关党的前途命运，事关国家长治久安，事关民族凝聚力和向心力。

《意见》指出，党的十八大以来，以习近平同志为核心的党中央高度重视思想政治工作，采取一系列重大举措切实加以推进，思想政治工作有效发挥了统一思想、凝聚共识、鼓舞斗志、团结奋斗的重要作用，全党全社会思想上的团结统一更加巩固，我国意识形态领域形势发生了全局性、根本性的转变。

《意见》明确，新时代加强的改进思想政治工作的指导思想是：以习近平新时代中国特色社会主义思想为指导，全面贯彻党的十九大和十九届二中、三中、四中、五中全会精神，增强"四个意识"、坚定"四个自信"、做到"两个维护"，紧紧围绕统筹推进"五位一体"总体布局和协调推进"四个全面"战略布局，坚持稳中求进工作总基调，围绕巩固马克思主义在意识形态领域的指导地位、巩固全党全国人民团结奋斗的共同思想基础这一根本任务，自觉承担起举旗帜、聚民心、育新人、兴文化、展形象的职责使命，把思想政治工作作为治党治国的重要方式，着力固根基、扬优势、补短板、强弱项，提高科学化规范化制度化水平，充分调动一切积极因素，广泛团结一切可以团结的力量，为人民服务，为中国共产党治国理政服务，为巩固和发展中国特色社会主义制度服务，为改革开放和社会主义现代化建设服务。

《意见》指出，新时代加强和改进思想政治工作的方针原则：坚持和加强党的全面领导，把思想政治工作贯穿党的建设和国家治理各领域各方面各环节，牢牢掌握工作的领导权和主动权。坚持以人民为中心，践行党的群众路线，把人民对美好生活的向往作为奋斗目标，组织群众、宣传群众、教育群众、服务群众，强信心、聚民心、暖人心、筑同心。坚持服务党和国家工作大局，全面贯彻党的基本理论、基本路线、基本方略，坚持系统观念，把思想政治工作与经济建设和其他各项工作结合起来，为党和国家中心工作提供有力政治和思想保障。坚持遵循思想政治工作规律，把显性教育与隐性教育、解决思想问题与解决实际问题、广泛覆盖与分类指导结合起来，因地、因人、因事、因时制宜开展工作。坚持守正创新，推进理念创新、手段创新、基层工作创新，使新时代思想政治工作始终保持生机活力。

《意见》指出，要深入开展思想政治教育。坚持用习近平新时代中国特色社会主义思想武装全党、教育人民，健全用党的创新理论武装全党、教育人民工作体系，增进对习近平新时代中国特色社会主义思想的政治认同、思想认同、理论认同、情感认同。推动理想信念教育常态化制度化，广泛开展中国特色社会主义和中国梦宣传教育，弘扬民族精神和时代精神，加强爱国主义、集体主义、社会主义教育，加强马克思主义唯物论和无神论教育。培育和践行社会主义核心价值观，加强教育引导、实践养成、制度保障，推动社会主义核心价值观融入社会发展和百姓生活。加强党史、新中国史、改革开放史、社会主义发展史和形势政策教育，引导党员、干部、群众旗帜鲜明反对历史虚无主义，继往开来走好新时代长征路。加强社会主义法治教育，深入学习宣传习近平法治思想，在全社会普遍开展宪法宣传教育，有针对性地宣传普及法律、法规和法理常识，加大党章党规党纪宣传力度。增强忧患意识、发扬斗争精神，广泛开展防范化解重大风险宣传教育，总结新冠肺炎疫情防控斗争经验，以自觉的斗争实践打开新天地、夺取新胜利。

《意见》指出，要提升基层思想政治工作质量和水平。加强企业思想政治工作，把思想政治工作同生产经营管理、人力资源开发、企业精神培育、企业文化建设等工作结合起来，在思想上解惑、精神上解忧、文化上解渴、心理上解压。加强农村思想政治工作，加强农村精神文明和思想道德建设，开展弘扬时代新风和移风易俗行动，抵制腐朽落后文化侵蚀，培养有理想、有道德、有文化、有纪律的新时代农民。加强机关思想政治工作，坚持把带头做到"两个维护"作为机关思想政治工作的首要任务，深化政治机关意识教育，开展模范机关创建活动，开展对党忠诚教育，开展作风建设专项整治行动，努力建设讲政治、守纪律、负责任、有效率的模范机关。加强学校思想政治工作，加快构建学校思想政治工作体系，实施时代新人培育工程，完善青少年理想信念教育齐抓共管机制，培养德智体美劳全面发展的社会主义建设者和接班人。加强社区思想政治工作，健全社区党组织领导基层群众性自治组织开展思想政治工作的相关制度，加强社区思想政治工作网格化建设，统筹发挥社会力量协同作用，使思想政治工作真正深入到群众生产和生活中去。加强网络思想政治工作，深入实施网络内容建设工程，加强网络传播能力建设，依法加强网络社会管理，推动思想政治工作传统优势与信息技术深度融合，使互联网这个最大变量变成事业发展的最大增量。做好各类群体的思想政治工作，开展思想政治引领行动，把广大群众团结凝聚在中国特色社会主义伟大旗帜下。

《意见》指出，要推动新时代思想政治工作守正创新发展。巩固壮大主流思想舆论，坚持正确政治方向、舆论导向、价值取向，把思想政治工作融入到主题宣传、形势宣传、政策宣传、成就宣传、典型宣传中，落实到党报党刊、电台电视台、都市类报刊和新媒体等各级各类媒体，不断提高新闻舆论传播力、引导力、影响力、公信力。深化拓展群众性主题实践，充分利用重要传统节日、重大节庆日纪念日，发挥礼仪制度的教化作用，丰富道德实践活动，推动形成适应新时代要求的思想观念、精神面貌、文明风尚、行为规范。更加注重以文化人以文育人，深入实施文艺作品质量提升工程，深入实施中华优秀传统文化传承发展工程，推进城乡公共文化服务体系一体建设，更好满足人民精神文化生活新期待。充分发挥先进典型示范引领作用，深化时代楷模、道德模范、最美人物、身边好人等学习宣传，持续讲好不同时期英雄模范的感人故事，探索完善先进模范发挥作用的长效机制，把榜样力量转化为亿万群众的生动实践。切实加强人文关怀和心理疏导，健全党员领导干部联系基层、党员联系群众的工作制度，健全社会心理服务体系和疏导机制、危机干预机制，建立社会思想动态调查与分析研判机制，培育自尊自信、理性平和、积极向上的社会心态。

《意见》强调，要构建共同推进思想政治工作的大格局。完善领导体制和工作机制，完善党委统一领导、党政齐抓共管、宣传部门组织协调、有关部门和人民团体分工负责、全党全社会共同参与的思想政治工作大格局。打造专兼结合的工作队伍，配齐配强思想政治工作骨干队伍，充实优化兼职工作队伍，不断壮大志愿服务工作队伍，有计划有步骤地开展全员培训，深化思想政治工作人员专业技术职务评聘制度改革，培养思想政治工作的行家里手。用好各级各类文化设施和阵地，加强各级各类党员教育培训基地、爱国主义教育基地等的规划建设和管理使用，继续推动公共文化设施向社会免费开放，建设基层思想政治工作示范点。建立科学有效的评价考核体系，建立内容全面、指标合理、方法科学的思想政治工作测评体系，将测评结果纳入落实全面从严治党主体责任情况监督检查和巡视巡察内容，纳入党政领导班子、领导干部综合考核评价内容，把"软指标"变为"硬约束"。

第五节　协助党支部做好群众工作

党的十八大以来，在以习近平同志为核心的党中央的坚强领导下，全党深入开展以为民、务实、清廉为主要内容的党的群众路线教育实践活动，着力解决人民群众反映强烈的突出问题，提高做好新形势下群众工作的能力。党小组是植根于广大群众之中的，在开展各项活动的过程中，同广大群众有着广泛的接触，同群众的权利和利益经常发生直接联系。这就要求党小组长必须组织党员做好群众工作，把党的路线、方针、政策和决议贯彻到群众中去，同时要把群众的情绪、意见和要求及时反馈给党支部，做好党群信息交流沟通工作。要注意维护群众的合法权利和正当利益，帮助群众解决困难和疾苦，为群众排忧解难。只有组织党员做好群众工作，才能更好地发扬我们党密切联系群众的优良传统和作风，进一步密切党群关系。

一、群众工作的意义和作用

1. 群众工作的意义

做好群众工作，密切党同群众的联系，是我们党的优良传统和作风。我们党的最大政治优势是密切联系群众，党执政后的最大危险是脱离群众。继承和发扬党的这一优良传统和作风，对于巩固和提高党在人民群众中的崇高威信，巩固党执政的群众基础，促进社会主义和谐发展，保证党的基本路线的正确贯彻执行，有着十分重要和深远的意义。作为与人民群众联系最直接、接触最为频繁的党小组，更应充分认识和理解群众工作的重要意义和作用，提高做好群众工作的自觉性。

做好群众工作是马克思主义群众观点的要求。马克思主义认为，人民群众是社会物质财富和精神财富的创造者。马克思主义关于人民群众是历史的创造者这一基本观点要求我们，不论在什么样的社会条件下，都不能忽视作为社会主体的人民群众的决定作用，都必须相信群众，尊重群众的首创精神，一时一刻也不能脱离群众。这是我们应该始终不渝坚持的一条基本原则。

做好群众工作是党的工人阶级先锋队同时是中国人民和中华民族的先锋队性质的体现。党的性质决定了党与人民群众的不可分性，决定了党除了工人阶级和中国人民、中华民族的利益以外，没有自己的特殊利益。因此，党的工作离开了群众也就失去了意义。为了保持党的先锋队性质，必须始终坚持全心全意为人民服务的宗旨，同群众保持密切的联系，坚持权为民所用，情为民所系，利为民所谋。

做好群众工作是正确执行党的路线、方针、政策和决议的保证。要实现党对中国特色社会主义事业的正确领导，最根本的是制定正确的路线、方针、政策和决议，并保证所制定的路线、方针、政策和决议的正确贯彻执行。我们之所以强调党小组要重视群众工作，是因为这对正确制定和贯彻执行党的路线、方针、政策和决议关系极大。党小组是社会基层组织之中团结群众的核心，经常与人民群众发生直接的联系，倾听群众的呼声，掌握群众的要求和愿望，熟知群众的生产和生活，如果党小组和党员能够密切联系群众，全心全意为人民服务，想群众之所想，急群众之所急，一切为了群众，一切依靠群众，群众就会信任党小组，积极响应党的号召，诚心诚意同党站在一起，为完成党交给的任务而努力奋斗。反之，如果党小组脱离群众，失去群众的拥护，甚至遭到群众的反对。群众就不能和党同心同德，党的路线、方针、政策和决议势必不能得到贯彻落实。

做好群众工作是当前加强党同群众血肉联系的需要。随着改革开放的不断深入和社会主义市场经济的发展，党内有些党员和党员领导干部经不起执政、改革开放的考验，有的官僚主义严重，高高在上，对人民不负责任，不关心群众疾苦，压制民主，打击报复；有的个人主义严重，见利忘义，滥用职权，谋取私利，搞特殊化，与群众争名争利，严重地脱离了群众；有的甚至为所欲为，违法乱纪，贪污腐化，堕落成为人民的对立面。这些现象，引起了群众的强烈不满，严重败坏了党的作风，损害了党的威信和党的全心全意为人民服务的宗旨。与群众接触最直接、最频繁的党小组，对端正党风负有重要责任，因此，更应加强与人民群众的血肉联系，时刻想着群众，依靠群众，同一切败坏党风、党纪的现象作斗争。

2. 群众工作的作用

人民群众是我们党的力量源泉和胜利之本，全心全意为人民服务是我们党的根本宗旨。做好群众工作，保持和发扬同人民群众的血肉联系，直接关系到党和国家的盛衰存亡。我们党在长期革命和建设实践中创造并发展了一切为了群众，一切依靠群众，从群众中来，到群众中去的群众路线，形成了密切联系群众的作风，这是我们党的优良传统和政治优势。历史经验反复证明，什么时候群众工作做得好，党的群众路线执行得好，党群关系密切，我们的事业就顺利发展；什么时候党的群众路线执行得不好，党群关系受到损害，我们的事业就遭受挫折。发扬党的密切联系群众的作风，也是讲政治的重要表现。在新的历史条件下，面对"第二个一百年"的奋斗目标，面对改革开放和现代化建设的艰巨任务，为了抵制拜金主义、享乐主义、极端个人主义等剥削阶级腐朽思想的侵蚀，保证我们党永不变色，保证我们国家长治久安、兴旺发达，我们必须大力弘扬密切联系群众的优良作风，把一切为了群众，一切依靠群众有机地结合起来，坚持群众路线，充分发挥我们的政治优势，使我们的事业不断从胜利走向胜利。

做好群众工作，发扬密切联系群众的作风，必须加强马克思主义唯物史观的教育。牢固树立推动历史前进的决定性力量是人民群众的科学观点——这是我们党的基本政治观点，批判各种否定、贬低人民群众在社会发展中的地位和作用的历史唯心主义观点，在全党形成坚决相信群众，紧紧依靠群众，一切以人民群众的利益为重，事事向人民群众学习的良好风尚。始终不渝地走群众路线——这是我们党的根本工作路线，真正做到从群众中来，到群众中去。

这两条是共产党人密切联系群众的首要前提。真正掌握和实践了群众观点、群众路线，也就能真正掌握和实践历史唯物主义和党的实事求是的思想路线，也就从根本上懂得了政治。因此，我们切不可等闲视之。

二、党小组群众工作的主要内容

1. 提高党员做群众工作的自觉性

"密切联系群众，向群众宣传党的主张，遇事同群众商量，虚心听取并及时向党反映群众的意见和要求，帮助群众提高觉悟，维护群众的正当权利和利益。"这是每个党员必须履行的义务，是共产党员全心全意为人民服务的具体表现，是我们一切工作取得胜利的源泉。党小组要教育和督促党员，时刻把群众记在心中，切实履行好上述义务。其具体措施如下：

教育党员牢记马克思主义群众观点和党的群众路线。党小组要通过组织党员学习、讨论，使每个党员认识到，如何对待群众，是一个根本的立场问题、世界观问题、党性问题。要使每个党员懂得，历史活动是群众的事业，生机勃勃的有创造性的社会主义是由人民群众自己创立的。要牢固树立人民群众是历史创造者的观点，向人民群众学习的观点，全心全意为人民服务的观点，干部的权力是人民赋予的观点，对党负责与对人民负责相一致的观点，党要依靠群众又要教育和引导群众前进的观点，用这些重要观点武装党小组的每一个党员，是做好群众工作的思想基础。

组织党员联系本小组实际，充分发表意见，制订出本小组群众工作计划和措施，并将责任落实到每个党员，增强党员的责任感，培养和激发党员做好群众工作的意识。

采取多种形式，为党员做好群众工作创造环境和条件。

（1）建立党员责任区、党员联系户制度，向党员交任务、压担子，让党员在具体的工作中做好群众工作。开展以服务群众为主要内容的主题实践活动，有条件的党员每年要承诺为群众办一两件实事。

（2）关键时刻教育党员打头阵，为群众作出榜样。一般是根据工作和生产需要，对党员提出"几个带头"的具体要求。

（3）组织党员开展一系列联系群众的活动。如成立党员服务组、到群众家走访、帮助群众解决力所能及的困难，等等。

建立监督、激励机制，督促党员发挥作用。利用党小组组织生活会、民主评议党员等活动，坚持检查评比每个党员联系群众的情况，对发挥作用突出的给予鼓励，对表现差的提出批评，并帮助其尽快赶上。在党小组内形成人人争做群众工作的局面。

2. 向群众宣传党的主张，帮助群众提高觉悟

党小组要根据各个时期不同的形势和任务，针对本小组周围群众的思想实际，采取灵活多样的形式，有计划有目的地向群众宣传党的主张，包括党的路线方针政策和国家的法律法规，正确回答、解释群众提出的各种问题，使群众对党的主张有更深刻的理解，并懂得应该做什么和为什么那么做，怎样去做好。尽量解除群众的疑虑，增强完成任务的信心。教育引导群众正确处理个人利益与集体利益、局部利益与整体利益、当前利益与长远利益的关系，凝聚群众力量。从而把党的主张化为广大群众的自觉行动，化为改造世界的伟大力量。

3. 虚心听取群众的批评意见和要求

贯彻群众路线，做好群众工作，党小组要注意倾听群众的呼声，自觉接受人民群众的监督，鼓励群众反映真实情况，并及时处理群众的批评意见和要求。

对群众中反映出的对党的各级组织工作中的意见和要求，党小组要认真地向上级党组织汇报。政策和策略是党的生命，各级党组织在决策过程中，虽然力求符合群众的利益和客观实际情况，但由于认识和实践的局限性，工作中难免出现这样那样的问题，决策中难免有缺点和失误，这在客观上要求党的组织注意倾听群众的呼声，自觉接受人民群众的批评和监督，以便修正缺点和错误，使工作越做越好。这也是贯彻党的群众路线的一个重要环节。而党组织要得到正确而及时的反馈，就要依靠活动在群众中的每一个党员和党小组，把群众与党组织沟通起来。

对群众反映的问题，能解决的要及时解决，受客观条件限制暂时不能解决的，要向群众做好解释工作，并协调沟通有关部门创造条件逐步加以解决。

对群众中反映出的对党员的批评意见，要区别情况进行处理。凡属于在小组内教育帮助可以解决的问题，党小组要不失时机地对党员进行批评教育，监督其迅速改正；凡属于严重违反党的纪律，需要对其作出纪律处分的问题，党小组要及时和支部沟通情况，组织全组党员认真讨论，依据错误事实向支部提出给予处分的建议；对于群众中反映出的对党的领导干部的批评意见，应认真负责地向上级党的组织反映。

对于群众中反映出的不正确意见，要做耐心细致的说服解释工作，不能听之任之，任其混淆视听，造成思想混乱。但一定要注意不能对提批评意见的群众"打棍子""扣帽子"。对极个别确属故意散布谣言、制造矛盾的别有用心的人，则应积极予以斗争。

4. 维护群众的正当权利和利益，关心群众的物质文化生活

遇事同群众商量。在党小组所在的集体内，凡涉及集体的生产建设和群众切身利益的事，党小组应协助行政领导，组织群众进行充分讨论，虚心听取群众的意见，以保证群众的正当权利和利益不受损害。在更大的范围内，党小组也应在可能的条件下积极维护人民群众的合

法权益，尊重和维护宪法、法律赋予群众的各项权利和正当利益，自觉同侵害群众合法权益的行为作斗争。

教育和监督本小组党员自觉地遵守国家的法律，执行党的政策，廉洁奉公，正确处理个人利益与群众利益之间的关系，不与民争利，不做任何侵犯群众政治权利和损害群众经济利益的事，塑造好党员的自身形象。

关心群众生活，帮助群众解决实际困难。党小组关心群众生活，要从细微之处入手，关心群众疾苦，为群众做好事，办实事，解难事，解决群众生产生活中最迫切的实际困难和问题。群众遇到的比较大的困难，也不能放手不管，除了积极向上级领导部门反映情况外，要多想办法，创造条件加以解决。这样，群众就会从切身的感受中体会到党的温暖，感受到党是代表群众利益的，是全心全意为群众服务的。群众就会诚心诚意地拥护党，跟党一心，充分地发挥积极性和创造性，努力工作，为实现党的基本路线而奋斗。

帮助群众共同致富。无论在厂矿企业还是农村，以经济建设为中心，帮助群众共同致富，是新时期密切党同人民群众联系的根本途径。在厂矿企业，党小组应号召全组党员，积极地出主意想办法，为振兴企业和发展生产贡献自己的聪明才智，发挥社会主义建设事业"排头兵"的作用。在农村，则应广泛开展"党员联系户""党群共同致富小组""党员责任组"活动，带领更多的人走共同富裕的道路。增强党在群众中的威信，密切党与群众的血肉联系。

5. 妥善处理群众中的矛盾

人民群众在共同的生产和生活中，不可避免地要产生一些矛盾，其中有领导与群众之间的矛盾，也有群众相互间的矛盾，还有个人的一些思想问题。这些矛盾对社会主义建设起着不可忽视的消极作用。党小组要善于发现苗头，利用个别谈心和家访的方法，耐心地做思想工作，使矛盾及时得到妥善解决，调动一切积极因素进行社会主义现代化建设。切忌用简单粗暴的方式做群众的思想工作，使矛盾激化。

6. 支持和配合工会小组、团小组的工作

党小组同所在单位的工会小组、团小组不是领导与被领导的关系。但党小组有义务关心和支持工会小组、团小组的工作。在具体工作中，要做好以下几点：

（1）党小组应通过自己的积极工作，来影响和带动所在单位的工会小组、团小组更好地做好工作。

（2）党小组长要与工会小组、团小组的负责人经常保持联系，必要时还可举行联席会议，沟通情况，交换意见，协调工作。

（3）要尽可能地创造条件，帮助解决工会小组、团小组开展活动的具体困难。

（4）要教育在工会小组、团小组工作的党员起先锋模范作用，以促进工会小组、团小组工作的开展。

（5）党小组虽然对工会小组、团小组有支持和帮助的义务，但必须注意不能包办代替，要放手让两个群团小组按照各自的特点独立地开展活动。

三、党小组联系和服务群众的方式与组织实施

1. 联系和服务群众工作的主要方式

党小组要按照上级党组织的要求和自身条件，组织党员在做好本职工作的基础上，选择适当方式，做好联系和服务群众工作。

（1）结对帮扶困难群众。有帮扶能力的党员要与困难群众结成帮扶对子。既要立足于解决群众的实际困难，又要帮助他们树立信心，提高工作技能，自强自立。

（2）参加主题实践活动。党员要积极参加党组织开展的以服务群众为主要内容的主题实践活动，推行党员承诺，有条件的党员每年要承诺为群众办一两件实事。承诺内容要切合实际，具体可行，履行承

诺的情况要自觉接受党组织和群众的监督。

（3）参加设岗定责活动。农村和街道社区党员，要根据自身实际情况，按照自主申报和组织安排相结合的办法，选择所在党组织设立的联系和服务群众岗位，履行岗位责任，努力做好联系和服务群众工作。

（4）参加社会公益活动。党员要积极参加所在地建立的志愿者队伍，开展多种形式的便民、利民活动，义务参加党员服务站（点）的工作。积极参加政府或社会团体组织的扶贫、支教、保护环境和关心下一代等志愿者服务活动。积极参加帮助生活困难群众的捐赠活动。

2. 联系和服务群众工作的组织实施

党小组要把做好群众工作，做好党员联系和服务群众工作作为党小组工作的重点之一，高度重视，精心组织，在具体的组织工作中要注意做好以下几方面工作：

（1）加强马克思主义群众观教育。要对党员进行马克思主义群众观和党的群众路线教育，以服务人民为荣，以背离人民为耻，端正对群众的态度，增进与群众的感情，创新群众工作方法，提高服务群众的本领。

（2）建立党员联系和服务群众网络。街道（乡镇）、社区（村）党组织和党小组可建立党员服务站，集贸市场、居民楼和商务楼宇可建立党员服务点。党员服务站（点）要在做好服务本地党员和流动党员工作的同时，积极开展服务群众的工作。机关、学校、企事业单位的党小组，也可以建立党员服务站（点）。建立党员联系和服务群众网络，要从实际出发，不搞"一刀切"。

（3）畅通群众表达意愿渠道。党小组要向本单位本部门党组织和行政领导建议，督促并监督实行政务公开、厂务公开和村务公开，逐步推行党务公开，推广居民（村民）议事等做法。公开设置意见箱、热线电话和举报电话，利用电子政务等信息网络手段，方便群众反映情况、发表意见，帮助党员做好联系和服务群众工作。对涉及多数群众切身利益的大事，要广泛征求群众意见。对群众反映的情况，要及时反馈意见。

（4）加强督促检查。党小组要加强对党员联系和服务群众情况的督促检查。要广泛吸收群众参与，充分听取群众意见，接受群众的评议和监督，以群众是否满意作为检验党员联系和服务群众工作成效的基本标准。要把党员联系和服务群众的情况作为民主评议党员、党性分析评议和考核评优的重要内容。要总结和推广先进经验，树立和表彰先进典型，不断完善联系和服务群众的有效措施，推动党员联系和服务群众工作的深入开展。

（5）认真做好关心帮助党员工作。要关心党员思想政治上的进步和提高，经常与党员谈心，及时解决党员思想疑难问题，调动党员参与党内事务的积极性，增强党员的荣誉感、责任感和使命感。要积极创造条件，帮助党员提高业务素质和工作能力，为党员立足本职创一流业绩、实现岗位成才提供服务。对农村党员、流动党员、失业和自主择业人员中的党员等进行实用技术培训，鼓励他们自谋职业、自主创业和带头创业。要关心党员生活，及时掌握生活困难党员情况，采取党员互助、党组织扶助等多种办法进行帮扶，重点帮助在艰苦环境中工作的党员、失业人员中的党员和老党员解决生活困难。通过做好党组织关心帮助党员工作，促进党员更好地联系和服务群众。

第六节 协助党支部做好发展党员工作

一、发展党员工作的意义和方针

在全面建设社会主义现代化国家新征程中，具有共产主义觉悟的先进分子的出现是源源不断的，党对这种新生力量的需要也是经常不断的。这是事物发展的客观规律。发展党员工作，必须适应这一规律的要求，使它经常化、制度化，既不能突击发展，也不能停止发展，要经常不断地把那些具有共产主义觉悟，全心全意为人民服务，为实现共产主义而奋斗，真正拥护并认真贯彻执行党的路线、方针、政策，确实具备党员条件的先进分子吸收到党内来。如果一个基层党组织长期不吸收新鲜血液，那么，这个基层党组织就不可能有生机。

要做好吸收具有共产主义觉悟、达到党员标准的先进分子入党的工作，就必须把它作为党的基层组织的一项经常性的重要工作，制定计划，采取措施，定期分析研究，加强对入党积极分子的培养、教育和考察，坚持党员标准，严格履行入党手续，切实保证党员的质量。这不仅是党的事业的需要，也是增强党的基层组织吸引力和凝聚力的需要。

今后一个时期发展党员工作的基本方针是"控制质量、优化结构、提高质量、发挥作用"。重点做好在工人、农民、知识分子、军人和干部中发展党员的工作，壮大党的队伍最基本的组成部分和骨干力量。注意在生产、工作第一线和高知识群体、青年中发展党员。要把承认党的纲领和章程、自觉为党的路线和纲领而奋斗，经过长期考验，符合党员条件的其他社会阶层的先进分子吸收到党内来，增强党在全社会的影响力和凝聚力。发展党员工作，坚持党章规定的党员标准，始终把政治标准放至首位，有领导有计划地进行。发展党员必须坚持入党自愿和个别吸收的原则，成熟一个，发展一个。禁止突击发展，反对关门主义。

协助支部做好发展党员工作，是党小组的一项重要职责，也是保证新党员质量的基础。

1. 坚持党员标准，明确党员的权利和义务

党员标准即党章对党员提出的条件和要求。

　　随着我们党的理论的不断成熟和实践的不断丰富，随着党员队伍的不断壮大、党员队伍建设的不断加强和党员管理工作经验的不断积累，党员标准的内容也不断充实和完整。党员标准由三个方面的内容构成。它们互相联系，各有侧重，从不同角度、不同层次规定了党员标准的各个方面，共同构成了党员标准的有机整体。

　　（1）申请入党的条件。党的十九大通过的党章第一条规定："年满十八岁的中国工人、农民、军人、知识分子和其他社会阶层的先进分子，承认党的纲领和章程，愿意参加党的一个组织并在其中积极工作、执行党的决议和按期交纳党费的，可以申请加入中国共产党。"这也是对党员的起码要求。

　　（2）党员的基本条件。党的十九大通过的党章第二条规定："中国共产党党员是中国工人阶级的有共产主义觉悟的先锋战士。中国共产党党员必须全心全意为人民服务，不惜牺牲个人的一切，为实现共产主义奋斗终身。中国共产党党员永远是劳动人民的普通一员。除了法律和政策规定范围内的个人利益和工作职权以外，所有共产党员都不得谋求任何私利和特权。"这三方面的内容是互相联系的，是对党员的完整要求，共产党员必须全面实践这些要求。概括起来说，共产党员要做到坚定共产主义信念、全心全意为人民服务，保持劳动人民的本色。

　　（3）党员义务是党员对党应尽的责任，是党组织对党员的基本要求，是衡量一个党员是否合格的具体标准。党的十九大通过的党章明确规定，党员必须履行八项义务：①认真学习马克思列宁主义、毛泽东思想、邓小平理论、"三个代表"重要思想、科学发展观、习近平新时代中国特色社会主义思想，学习党的路线、方针、政策和决议，学习党的基本知识，学习科学、文化、法律和业务知识，努力提高为人民服务的本领。②贯彻执行党的基本路线和各项方针、政策，带头参加改革开放和社会主义现代化建设，带动群众为经济发展和社会进步艰苦奋斗，在生产、工作、学习和社会生活中起先锋模范作用。③

坚持党和人民的利益高于一切，个人利益服从党和人民的利益，吃苦在前，享受在后，克己奉公，多做贡献。④自觉遵守党的纪律，首先是党的政治纪律和政治规矩，模范遵守国家的法律法规，严格保守党和国家的秘密，执行党的决定，服从组织分配，积极完成党的任务。⑤维护党的团结和统一，对党忠诚老实，言行一致，坚决反对一切派别组织和小集团活动，反对阳奉阴违的两面派行为和一切阴谋诡计。⑥切实开展批评和自我批评，勇于揭露和纠正违反党的原则的言行和工作中的缺点、错误，坚决同消极腐败现象作斗争。⑦密切联系群众，向群众宣传党的主张，遇事同群众商量，及时向党反映群众的意见和要求，维护群众的正当利益。⑧发扬社会主义新风尚，带头实践社会主义核心价值观和社会主义荣辱观，提倡共产主义道德，弘扬中华民族传统美德，为了保护国家和人民的利益，在一切困难和危险的时刻挺身而出，英勇斗争，不怕牺牲。

（4）党员权利是指党章和《中国共产党党员权利保障条例》规定的党员应当享有的利益和权利。在党内，每个党员都有权参加党的活动，共同管理党的事务，发挥自己的积极性和负责精神，维护党的利益，保证党的事业健康发展。根据党章的规定，党员享有八项权利：①参加党的有关会议，阅读党的有关文件，接受党的教育和培训。②在党的会议上和党报党刊上，参加关于党的政策问题的讨论。③对党的工作提出建议和倡议。④在党的会议上有根据地批评党的任何组织和任何党员，向党负责地揭发、检举党的任何组织和任何党员违法乱纪的事实，要求处分违法乱纪的党员，要求罢免或撤换不称职的干部。⑤行使表决权、选举权，有被选举权。⑥在党组织讨论决定对党员的党纪处分或作出鉴定时，本人有权参加和进行申辩，其他党员可以为他作证和辩护。⑦对党的决议和政策如有不同意见，在坚决执行的前提下，可以声明保留，并且可以把自己的意见向党的上级组织直至中央提出。⑧向党的上级组织直至中央提出请求、申诉和控告，并要求有关组织给以负责的答复。

坚持党员标准，就必须全面地坚持上述规定，任何将这些方面的规定割裂开来、对立起来的做法，强调某些方面而否定其他方面的做法，各取所需、任意解释的做法，都是对党员标准整体内容的贬损和破坏，必须坚决纠正。

2. 正确看待吸收新的社会阶层优秀分子入党

改革开放以来，我国的社会阶层机构发生了新的变化，出现了民营科技企业的创业人员和技术人员、受聘于外资企业的管理技术人员、个体户、私营企业主、社会组织的从业人员、自由职业人员等社会阶层。而且，许多人在不同所有制、不同行业、不同地域之间流动频繁，人们的职业、身份经常变动。这种变化还会继续下去。在党的路线方针政策指引下，这些新的社会阶层中的广大人员，通过诚实劳动和工作，通过合法经营，为发展社会主义社会的生产力和其他事业作出了贡献。他们与工人、农民、知识分子、干部和解放军指战员团结在一起，他们也是有中国特色社会主义事业的建设者。

（1）吸收这些新的社会阶层中的优秀分子入党，有利于保持我们党的先进性。党员的先进性是党的先进性的具体体现。不同历史时期对党员的先进性有不同的要求，党员的先进性总是有着鲜明的时代特征。在现阶段，共产党员的先进性，理所当然地应当体现在认真学习实践邓小平理论、"三个代表"重要思想、科学发展观、习近平新时代中国特色社会主义思想上，体现在全面、正确、积极贯彻执行党在新时代中国特色社会主义的基本路线上，体现在自觉投身有中国特色社会主义的经济、政治、文化、社会、生态文明建设上。新的社会阶层中确有先进分子，他们中不少人来自农民、工人、学生、国有企业的经营管理人员、党政机关干部、事业单位的工作人员、高等院校和科研院所的科技人员，以及留学归国人员等。他们中的绝大多数人热爱祖国、热爱人民，拥护党的路线方针政策，遵守国家的宪法和纪律，积极参与建设中国特色社会主义伟大事业。一些人热心社会公益事业，注重自身的社会形象，具有较高的爱国热情，愿意为中华民族伟大复兴作出自己的贡献。其中一些人政治上要求进步，积极靠拢党组织，愿意为党的纲领和路线而奋斗，在推动改革、促进发展、维护稳定中作出了成绩。把他们中承认党的纲领和章程、自觉为党的路线和纲领而奋斗、经过长期考验、符合党员条件的优秀分子吸收入党，不仅是必要的，而且是可能的。

（2）吸收这些新的社会阶层中的优秀分子入党，有利于增强党的阶级基础，扩大党的群众基础，提高党的社会影响力，巩固党的执政地位。中国共产党作为执政党，不仅要坚持自己鲜明的阶级性，同时还要根据经济发展和社会进步的实际，不断扩大群众基础。随着经济体制改革的深入，我国社会经济结构、经济成分、社会组织形式、利益分配方式、就业方式等日益多样化。非公有制经济组织、社会组织等正在大量涌现，日益对我国的经济、文化、社会发展产生重要影响，引导这些经济、社会组织健康发展，需要正确的方针政策和完善的法规体系，也需要加强党的政治领导。这块阵地，是党的工作的一个重要阵地，绝不能丢。把这些新的社会阶层中符合党员条件的优秀分子吸收到党内来，通过他们影响和带动这些阶层中其他人员更好地为国家、为社会服务，有利于在这些经济组织、社会组织中贯彻党的路线方针政策，增强党对这些新的社会阶层的影响力；有利于改变这些经济、社会组织中党的工作薄弱的状况，扩大党的工作覆盖面。

（3）吸收新的社会阶层中的优秀分子入党，有利于充分调动社会各方面的积极因素，更好地推进建设中国特色社会主义伟大事业。建设中国特色社会主义事业，是一项前无古人的伟大事业，需要调动全社会各方面的力量共同加以推进。许多从事非公有制经济的人员和其他社会阶层人员是响应党的号召富起来的，是党的富民政策的带头实践者。对他们加以培养、帮助、教育和引导，把其中的优秀分子吸收到党内来，充分体现我们党在政治上对他们的信任，使他们紧密地团结在党的周围，有利于更好地调动他们的积极性和创造性，更好地团结和带领广大群众，为实现党在社会主义初级阶段的基本路线服务。

（4）从新的社会阶层中发展党员，是政治性、政策性很强的工作，也是一项缺乏经验的新工作，必须有领导有计划地进行，务求做好，确保质量。要提高认识，统一思想，明确条件，掌握标准，稳妥进行。不能一哄而起，不能降格以求。有关的具体政策和工作程序等，需要通过试点，作出明确规定。新的社会阶层中的人员要求入党，应当视为是在政治上要求进步的表现，应当持欢迎的态度。但要对真心要求入党的积极分子加强思想教育，帮助他们了解党的纲领、路线、方针、政策，懂得党章和党内生活规则，引导他们端正入党动机。在工作中必须坚持标准，严格程序，成熟一个，发展一个，确保质量。绝不能无原则地敞开大门，绝不能简单地认为财富多、交税多就符合党员条件，绝不允许用权钱交易等手段破坏党建工作。

我们党历来把来自工人、农民、知识分子、军人、干部的党员视为党的队伍中最基本的组成部分和骨干力量。发展工人、农民、知识分子、军人和干部中的先进分子入党，过去、现在、将来都是我们工作的重点。允许新的社会阶层中的优秀分子入党，绝不意味着可以转移发展党员工作一贯坚持的重点。因此，要适应工人阶级队伍变化的实际，从坚持党的工人阶级先锋队性质，巩固党的执政地位的高度，继续加强和做好在工人、农民、知识分子、军人、干部中发展党员的工作。

二、培养、教育、考察入党积极分子

1. 推荐要求入党的积极分子

在这一阶段，党小组应注意做好三项工作：

（1）教育和引导群众靠近党组织。党小组要采取多种形式，有针对性地对广大群众尤其是青年进行共产主义理想和党的基础知识教育，启发他们不断提高对党的认识，树立共产主义世界观，积极靠近和要求加入党组织，扩大要求入党的积极分子队伍。

（2）协助支部接受入党申请。每一个要求入党的人，都必须由本人向党组织提出申请。申请入党的人写入党申请书，是为了向党组织表明自己的入党志愿，使组织了解自己的信念和要求，便于党组织对申请入党者有意识地进行考察、教育和培养。

申请入党，一般应采用书面申请的形式。申请者因文化水平低、病重、残疾等原因，写申请书有困难，可以由本人口述，请其他同志帮助代写。代写的申请书一定要真实表达申请者的思想认识。

入党申请书的主要内容包括：个人履历、家庭主要成员以及主要社会关系的情况；对党的认识、入党动机和对待入党的态度；个人在政治、思想、工作、作风等方面的表现情况；等等。本人如果有政治历史问题或受过奖励、处分，都必须如实写清楚。

入党申请应向党支部提出。申请书可直接交给党支部负责同志，也可请党小组长代转。党小组长对申请入党者应给予鼓励，并指出今后努力的方向。同时，如申请者的入党申请书内容有缺欠，要指导他进一步完善。入党申请书由党支部长期保管。

（3）推荐要求入党的积极分子。党小组按照要求入党的积极分子条件，经小组全体党员充分酝酿和讨论后，向党支部推荐要求入党的积极分子，团组织也可以向党组织推荐要求入党的团员做要求入党的积极分子。

要求入党的积极分子应具备的条件：

一是承认党的章程，信仰共产主义，拥护党的路线、方针和政策。

二是对党有较明确的认识，积极要求入党。

三是工作积极，表现突出。

四是作风正派，团结同志，坚持原则，在群众中有一定的威信。

不能把写了入党申请书的人都视为要求入党的积极分子。

2. 培养、教育、考察要求入党的积极分子

党支部根据党小组或团组织的推荐，按照要求入党的积极分子条件确定入党积极分子，并报上一级党组织备案，确定谁为要求入党的积极分子不能通知本人。

党小组对要求入党的积极分子负有培养、教育、考察的责任。

（1）指定培养联系人。申请者被确定为积极分子后，一般由党小组及时指定两名政治素质好、对要求入党的积极分子比较熟悉的正式党员做培养联系人。培养联系人的职责：①了解要求入党的积极分子对党的认识和工作、学习及社会关系等情况。②同要求入党的积极分子谈心，帮助其学习党的基本知识，端正入党动机。③每个季度向党小组全面汇报一次要求入党的积极分子的情况。④要求入党的积极分子培养成熟后，向党组织建议将其列为发展对象。

（2）培养要求入党的积极分子。党小组要采取给要求入党的积极分子分配一定的社会工作，吸收他们参加党内有关活动的方式，使他们在实际工作中经受锻炼和考验。要认真检查他们完成工作任务的情况，工作做得好的，要给予鼓励。同时应注意，不能因为一次任务没有完成好或某项工作没有做好而对其全盘否定，挫伤他们追求政治上进步的积极性。同时，要教育培养人确实负起责任，积极做好培养工作。

（3）教育要求入党的积极分子。党小组要协助上级党组织，采取吸收要求入党的积极分子听党课、进行短期培训、听英雄模范人物作报告、指定学习书目等多种形式，对他们进行马克思列宁主义、毛泽东思想、邓小平理论、"三个代表"重要思想、科学发展观、习近平新时代中国特色社会主义思想的教育，党的基本知识和党的基本路线的教育，以及党的优良传统和作风的教育，使他们懂得党的性质、纲领、指导思想、宗旨、任务、组织原则和纪律，懂得党员的权利和义务，帮助他们端正入党动机，确立为共产主义事业奋斗

终身的信念。

（4）考察要求入党的积极分子。党小组一般每季度对要求入党的积极分子考察写实一次。①考察的主要内容：要求入党的积极分子的入党动机、政治觉悟、思想品质和工作表现。②考察的主要方式：同要求入党的积极分子谈话；请培养联系人介绍情况；听取党员群众的意见。

在此基础上形成党小组考察意见，经党小组会讨论后，记入《要求入党的积极分子考察表》。考察意见既要肯定成绩，又要指出缺点、不足。

党支部在党小组考察的基础上，每半年总评一次，考察材料一般应由党支部保管。

（5）调整要求入党的积极分子队伍。党小组要在全面分析积极分子队伍的基础上，每年报请党支部调整一次要求入党的积极分子队伍。把新涌现的要求入党的积极分子吸收进来，把不具备要求入党的积极分子条件的调整出去，始终保证要求入党的积极分子队伍有较高的素质。

3. 推荐发展对象

要求入党的积极分子转为发展对象要经过一年以上培养。由于党小组对本单位要求入党的积极分子的情况比较熟悉，又直接负有培养教育的责任，因此，党支部在确定发展对象前，一般应先在党小组内酝酿讨论，推荐出发展对象，然后由支委会和支部大会讨论确定。但是，必须明确，党小组讨论不是发展党员的必经程序和手续，不能把它作为检查入党手续是否完备的一个依据。

4. 教育和帮助入党介绍人履行好职责

党支部确定了发展对象并报上级党委预审同意后，发给发展对象《入党志愿书》。一般情况下，一直负责培养联系发展对象的正式党员应担任入党介绍人。也可由发展对象自己约请介绍人，或由党组织指定其他党员担任。

入党介绍人介绍一个同志入党，对党对被介绍者都负有重要责任。党小组应教育和帮助本小组担任入党介绍人的党员，确实做好如下工作：

（1）向被介绍人解释党的纲领、章程，说明党员的条件、标准、义务和权利。认真了解被介绍人的入党动机、政治觉悟、思想品质、本职工作表现、经历等情况，并如实地向党组织汇报。不得采取马马虎虎的态度，更不得有意隐瞒和歪曲事实真相。

（2）指导被介绍的人填写好入党志愿书，并在志愿书中认真填写自己的意见，在支部党员大会讨论时，负责地介绍发展对象的有关情况。

（3）被介绍的人被批准为预备党员以后，介绍人仍然要对他进行教育，帮助他克服缺点，提高觉悟，用自己的模范行动，争取按期转为正式党员。

5. 协助支部开好接收新党员的支部党员大会

接收新党员的支部党员大会的一般程序是：

（1）由党支部负责人主持会议并清点和报告出席会议的人数。

（2）发展对象宣读《入党志愿书》，汇报对党的认识、入党动机、本人履历，以及需向党组织说明的问题。

（3）介绍人和党小组长介绍发展对象的主要情况，并对其能否入党表明意见。

（4）支委会向大会报告对发展对象审议的情况并表明支委会的意见。

（5）在到会党员对发展对象能否入党进行充分讨论的基础上，采取举手或无记名投票的方式进行表决。

（6）根据赞成人数超过应到会有表决权的正式党员的半数与否，作出是否接收发展对象为预备党员的决议（因故不能到会的党员正式向支部提出书面意见的，应统计在票数内）。

（7）发展对象陈述对大家所提意见的看法并表示今后决心。

党小组协助支部开好支部大会，一般应做好三件事：

（1）指导发展对象做好参加支部党员大会的准备。首先，要求发展对象必须按时参加支部党员大会。其次，指导其做好如下准备：①在支部党员大会上忠诚老实地介绍本人履历、优缺点及应说明的问题。②汇报自己对党的认识和入党动机。③虚心接受支部党员大会的审查和帮助。④表示今后更好地接受党组织的考验和努力争做一名合格党员的决心。

（2）对入党介绍人参加支部党员大会提出要求。一是两名入党介绍人在一般情况下，都应出席会议，如遇特殊情况，介绍人中有一人不能出席会议时，必须在会前向支部作认真负责的介绍，表明态度。如果两名入党介绍人都因故不能出席会议，支部大会应改期召开。二是入党介绍人要在支部大会上分别介绍情况。主要介绍对发展对象的培养、教育、考察情况，并表明对吸收发展对象入党的意见。介绍人的发言内容应比较翔实，观点应与填写在《入党志愿书》上的基本一致。

（3）在支部大会讨论发展对象是否具备入党条件时，党小组应充分发表本小组的意见，以便于到会的党员进一步掌握发展对象的情况，正确地行使权利，使支部大会作出的决议更加实事求是。

三、管理、教育、考察预备党员

发展党员、使具备党员条件的申请入党者成为党员，是壮大党的组织、保持党的活力、改善党员队伍现状、提高党员队伍素质的重要途径。为了把党员队伍建设好，使党能经常吸收新鲜的血液，就必须加强对要求入党的积极分子的培养教育和对预备党员的教育考察，把好"入口"关，党小组便是"入口"关的关口。协助支部对要求入党的积极分子和预备党员的大量的培养、教育、考察工作是通过党小组进行的，党小组长必须对这项工作负起责任。

支部党员大会表决通过并报上级党委批准后，发展对象即成为预备党员，对编入本小组的预备党员，党小组要配合支部进行管理、教育、考察。其主要工作是：

（1）指定专人负责对预备党员进行教育和考察，即做培养的工作，培养联系人要对预备党员的情况做好记录，定期向党小组和党支部汇报。培养人一般由入党介绍人担任。

（2）配合支部对预备党员进行教育。预备党员在预备期间，党支部要采取上党课、办培训班、自学等方法，有计划地对他们进行党的基本知识和党员标准等教育，帮助他们进一步端正入党动机，坚定共产主义信念。党小组要掌握本小组预备党员的学习情况，帮助他们解决学习中的困难，督促他们搞好自学。保证对他们的教育取得应有的效果。

（3）通过组织生活，加强对预备党员的教育和考察。党小组在组织生活中，要有意识地对预备党员进行党规党纪、党内政治生活的基本准则和党的优良传统的教育。对他们暴露出来的问题和缺点，要及时给予教育和帮助。

（4）根据预备党员的具体情况，经常交任务、提要求，并对其如何完成任务给予指导和帮助。在实践中对他们进行锻炼和考察。

（5）党小组要认真听取预备党员的思想、工作、学习情况汇报，肯定成绩和进步，指出缺点和不足，帮助研究改进措施。对预备党员的一些实际困难，也要尽可能地帮助解决。

（6）定期组织对预备党员的写实讲评。一般情况下，党小组每季度对预备党员讲评、写实一次，并要及时、认真、负责地填写《预备党员考察表》。在此基础上，党支部每季度讨论一次。预备党员的预备期一般为一年。

（7）考察的内容：①考察他们的政治立场，了解他们的政治品质，对党和党的事业的态度。②考察他们的入党动机，对党是否忠诚老实。③考察他们能不能认真履行党员的义务，执行党的政策和决议，发挥先锋模范作用。

四、协助支部做好预备党员转正工作

预备党员在临近预备期满时，应主动向党组织提出转为正式党员的书面申请。其内容一般包括：自己何时被批准为预备党员，何时期满；自己在预备期中履行党员义务的情况，入党时存在缺点的改正情况；要求转正的意愿及今后的努力方向；其他需要向党组织说明的问题。

党组织接到本人的申请后，党小组应酝酿讨论并向支部提出其能否转为正式党员的意见。能认真履行党员义务，具备党员条件的，建议支部准予按期转正；不完全具备党员条件，需要继续考察教育的，建议支部延长其预备期（一般是一年，最少是半年，但不能超过一年）；不履行党员义务，确实不具备党员条件的，应建议支部取消其预备党员资格。

预备党员能否转正，最后要经支部党员大会讨论通过并报上级党组织批准。支部大会的程序和党小组应做的工作大致与接收新党员的支部大会相同。党小组应积极配合支部开好讨论预备党员转正问题的支部党员大会。

五、协助支部做好评议党员和收缴党费工作

定期对每个党员进行评议鉴定，是党内生活的重要制度。评议党员实际上是对党员进行具体的党员标准、党员权利、党员义务的教育。同一小组内的党员比较熟悉，使得小组的评议更为重要。把这种评议工作做细、做好，是党小组长应负的重要责任。及时收缴党费也是党小组的基本工作之一，必须按照严格的收缴和管理制度来执行。

第七节 按时召集和主持开好党小组会，严格党的组织生活

严格党的组织生活，是中国共产党组织原则的一项重要内容。党的十九大通过的新党章第八条明确规定："每个党员，不论职务高低，都必须编入党的一个支部、小组或其他特定组织，参加党的组织生活，接受党内外群众的监督。党员领导干部还必须参加党委、党组的民主生活会。不允许有任何不参加党的组织生活、不接受党内外群众监督的特殊党员。"严格遵守这一规定，对党的建设有着重要的意义。

主持召开党小组生活会、认真开展批评和自我批评，是党小组长的重要职责。党小组生活会是党小组活动的主要形式之一，也是党内组织生活的重要组成部分。党小组会一般由党小组长主持。因此，党小组会的成效如何，能否切实开展批评和自我批评，关键在于党小组长。

一、组织生活的意义、内容和原则

1. 严格党的组织生活的意义

党的组织生活，是党的生活的重要组成部分，是加强对党员的管理和教育，提高党员素质，促使党员发挥先锋模范作用的基本形式。主要是指党员参加所在支部的党员大会、党小组会以及党员领导干部单独召开的党内民主生活会。严格党的组织生活，对于每个党员，特别是党员领导干部加强党性修养，增进同志之间的思想交流，加强党内民主监督，增强党组织的活力，都具有重要的意义。

（1）只有严格党的组织生活，才能保证全党的高度统一。党的性质和任务要求全党必须在政治上、思想上同党中央保持高度的一致。这就更需要全党统一认识、统一思想、统一意志、统一行动。严格党的组织生活，就可以使每个共产党员，包括党员领导干部，自觉地置于党组织的监督之下，时刻不忘自己是个共产党员，自觉地贯彻执行党的路线、方针和政策。同时，也可以通过组织生活，使党员经常检查和克服各种非无产阶级思想，坚定共产主义信念。列宁指出："不容许党把有组织的分子同无组织的分子、把接受党的领导的同不接受党的领导的、把先进的同落后的混合在一个党内。"① 他认为这种混合，对党是危险的、致命的。可见，每个共产党员参加党的一个组织，过严格的组织生活，是把党建成一个有组织的、富有战斗力的先进部队的根本保证。

（2）只有严格党的组织生活，才能更好地管理、教育、监督党员。一个人组织上入了党，思想上并不一定也真正入了党，需要党组织经常地教育和管理，不断提高政治素质，逐渐从思想上真正入党。严格党的组织生活，就是通过组织生活，党组织定期听取党员关于自己的思想和工作情况汇报，组织党员开展批评和自我批评，从而了解党员的全面情况，及时表扬成绩，批评缺点错误，使党员坚定政治方向；定期地、有针对性地开展各种教育，牢固地树立全心全意为人民服务的思想和共产主义世界观，经常组织党员学政治、学业务，使其在各个岗位上发挥作用，达到思想上入党的要求。只有严格党的组织生活，才能实现这一任务。

（3）只有严格党的组织生活，才能有利于加强党的执政能力建设和先进性建设，坚持党要管党、全面从严治党，贯彻为民、务实、清廉的要求，才能充分发挥各级领导班子的政治核心作用。严格党的组织生活的另一个重要作用，就是强化和加强对党员领导干部、领导班

---

① 韦建桦主编：《列宁专题文集·论无产阶级政党》，人民出版社2009年版，第10页。

子的约束和管理，从而充分发挥各级领导班子的政治核心作用。要求各级党的组织，要对党员领导干部参加双重组织生活的情况进行检查、监督和管理，发现问题及时指出，保证党员领导干部和领导班子在党的组织生活中，起表率和带头作用，从而影响和带动各级党组织搞好党的工作。

2. 党的组织生活的主要内容

（1）传达中央和上级党组织的指示、决定、报告和文件，结合本单位、本部门的实际，讨论贯彻执行的计划和措施。

（2）组织党员学习马克思列宁主义、毛泽东思想、邓小平理论、"三个代表"重要思想、科学发展观、习近平新时代中国特色社会主义思想，学习党的路线、方针、政策和决议，学习党章和党的基本知识，学习科学、文化、法律和业务知识。

（3）向党员布置任务，提出要求；建立党员党性定期分析制度；听取党员思想汇报，检查党员工作、学习及完成党组织交办任务的情况。

（4）本着"团结—批评—团结"的原则，开展批评与自我批评。真正达到既要弄清思想，又要团结同志的目的。

（5）分析群众的思想情绪，关心群众生活，帮助群众解决困难，反映群众的意见和要求。检查党员联系群众、服务群众的情况。

（6）讨论发展党员的工作，制定培养、教育和考察积极分子的具体措施，检查这方面工作的落实情况，以及讨论预备党员转正的问题。

（7）检查全体党员执行党章的情况和遵守国家法律、法令的情况；讨论党内及本支部、小组在党风党纪方面存在的问题；树立正气，表彰先进；对犯有错误、违法乱纪的党员提出批评，进行教育或处分。

（8）组织一些对党员有教育意义的活动。如组织党员参观革命旧址或革命文物展览，进行党史、党的优良传统教育；组织党员观看有教育意义的电影、戏剧，参观社会主义建设新成就，听取英模人物和烈士事迹报告，参加社会公益活动；等等。通过生动活泼、多种形式的教育活动，使党员受到深刻的思想政治教育。

（9）研究、制定开展"创先争优"活动的计划和措施，评选先进党支部、先进党小组和优秀共产党员、优秀党务工作者。

3. 党小组的组织生活原则

党小组的组织生活制度是党的基层组织对党员进行教育、管理和监督，促使党员发挥先锋模范作用的一种党内生活制度。党的组织生活制度必须根据党的组织生活原则来进行。也就是说，党员参加党的组织生活必须按照组织生活原则说话、办事。不然的话，党的组织生活会就会变成无章可循、无据可依的漫谈会，甚至是争吵会。不仅不能达到增强团结和纪律的目的，反而会严重损害党的团结和破坏党的纪律。党小组的组织生活原则主要有下面几项：

（1）实事求是的原则。实事求是的原则就是一切从实际出发，理论联系实际，在实践中检验真理和发展真理，提倡讲真话，讲实话，反对说假话、说空话。坚持党的组织生活制度，很重要的一条就是要在党内强调实事求是的原则。弘扬求真务实精神，积极探索，开拓创新，营造党内不同意见平等讨论的环境，鼓励和保护党员讲真话，讲心里话。任何党员干部绝不可听不得不同意见和各种要求，不能压制报复党员群众的不同观点，对不正确的说法要允许改正，允许收回；对坚持己见者也要允许申辩、允许保留；严禁利用职权以个人权力和组织手段进行打击、报复。在党的组织生活中坚持实事求是的原则，就要求党员、干部坚持和正确的政绩观，大兴求真务实之风，重实际，敢于说实话，讲真话，办实事，求实效，坚决反对形式主义和弄虚作假，杜绝说空话，说大话，说假话的恶习。

我们党百年历程充分表明，实事求是、求真务实是党的活力所在，也是党和人民事业兴旺发达的关键所在。什么时候实事求是、求真务实坚持得好，党的组织和党员干部就充满朝气和活力，党和人民的事业就顺利发展，什么时候忽视实事求是这条重要原则，求真务实坚持得不好，党组织和党员干部队伍缺乏朝气和活力，党和人民的事业就受到挫折。

（2）党内民主的原则。党内民主是增强党的创新活力、巩固党的团结统一的重要保证。要以扩大党内民主带动人民民主，以增强党内和谐促进社会和谐。尊重党员主体地位，保障党员民主权利，推进党务公开，营造党内民主讨论环境。党员有权在党的组织生活会上对党的工作提出建议和倡议，参加关于党的政策问题的讨论；尊重党内同志所拥有的民主权利，切实保证党员有权在党组织生活会上对任何党员干部提出批评和质询；有权行使表决权、选举权和被选举权；在党组织讨论决定对党员的党纪处分和作出鉴定时，本人有权进行申辩和辩论，其他党员可以为他作证和辩护。党员所具有的上述几种权利，任何个人和组织都无权压制和取消。充分发扬党的民主，拓宽党内民主渠道，加强党员对党内事务的了解和参与。凡属党组织工作中的重大问题都应力求组织广大党员讨论，充分听取各种意见，使党内生活正常、健康发展。党组织时常倾听大多数党员的意见和呼声，就可以集思广益，不断推进决策的科学化、民主化。发扬党的民主，使党内同志畅所欲言，心情舒畅，增强信心和热情，有了干劲，有助于增强党的创新活力，增进党内和谐。因此，发扬党内民主，是坚持党的组织生活的一项重要原则，它是使我们党不断发展壮大、巩固党的团结统一的重要保证。实践证明，哪个党组织的民主作风坚持得好，哪个组织就呈现活力，就有胜利的保证。

（3）批评与自我批评的原则。要教育党员树立高度的责任感，坚持党和人民的利益高于一切，个人利益服从党和人民的利益，克服个人主义、帮派主义和自由主义，在党内同志之间切实开展批评与自我批评，勇于揭露和纠正工作中的缺点、错误，坚决同消极腐败现象作斗争。所有党内同志都要拿起批评特别是自我批评的武器，勇于批评别人，同时更要勇于批评自己。无论是在哪个历史阶段，我们党都是成功地运用了批评和自我批评这个思想武器，有效地抵御了资本主义和封建腐朽思想的侵蚀和毒害。党在自己的政治生活中正确地开展批评和自我批评，在原则问题上进行思想斗争，是不断克服各种不良倾向，杜绝各种错误行为和思想根源的积极手段，是坚持真理，修正错误，保证党的肌体健康发展，坚强党的组织，使党的事业兴旺发达的有效途径。

（4）通过谈心，启发自觉的原则。在党内要大力提倡开展谈心活动，了解党内同志的思想动态、学习情况、工作的努力程度和生活状况等，了解党内外群众对各方面工作及党的建设方面的意见和要求，为在党的会议上统一思想、解决矛盾创造条件。一是把握党内同志的思想脉搏，及时疏导、解决思想认识上的偏见和障碍。二是掌握学习情况，适时引导党员同志学习党的最新政策和策略，以及新的会议精神，领会党的意图、任务和目标，增强责任心。三是了解工作情况，鼓励党员发挥先锋模范作用，带领群众，高举中国特色社会主义伟大旗帜，为中华民族伟大复兴的中国梦而奋斗。四是及时过问党员的生活状况，关心和爱护老党员、生活困难党员，积极解决党员在生活中遇到的麻烦和困难，为他们排忧解难，增强党员对组织的信赖，解除他们的后顾之忧，使党员同志一心扎实地为党工作。党的基层组织特别是党的小组如果恰到好处地开展谈心，与党员沟通思想，加强相互间的信任，既可使党内达到团结互助，又引发了各自的主动性和自觉性，那么，我们党的基层组织和党小组的政治思想和工作面貌就会焕然一新。

二、党小组在组织生活中的任务

1. 安排好党小组组织生活计划

党小组要通过学习讨论，使每个党员懂得，严格党的组织生活，是我们党的一贯传统，是以改革创新精神全面推进党的建设新的伟大工程的需要，也是端正党风，增强党性，加强反腐倡廉建设，提高党的战斗力的一项有效措施。只有自觉参加党的组织生活，才能有效地接受党组织的教育和党员同志的帮助，不断地发扬成绩，克服缺点，提高觉悟，做好工作，保持先进性，做一个合格的共产党员。

党小组在一段时间内（如一季度、半年或一年）的组织生活内容，应有一个大体的计划。包括组织生活内容、时间安排、目的要求、活动方式和注意事项等。可以写成材料在会上向党员公布，也可列表发给每一个党员，使党员思想上做好准备。在实施计划过程中，还要作具体的安排，包括每项活动的主持人、活动地点等，必要时可以作单项的书面计划。

安排党小组的组织生活计划，要注意两点：第一，要根据党支部对一段时间的工作布置来安排内容；第二，要经过全组党员的充分讨论。

2. 定期开好党小组会

党小组会是党员过好组织生活的基本形式之一，是严格党的组织生活的一项重要内容，也是提高党员素质的有效措施。一般情况下，党小组会每月召开一次，如党支部有特殊要求或实际需要，党小组会也可增加或连续召开。

（1）党小组会的基本内容。党小组会，是指由党小组长主持，党小组内全体党员参加的会议。党小组会是党小组活动的主要形式之一，也是党员组织生活的重要组成部分，一般来说，党小组会的内容是根据党的中心工作及党支部提出的具体任务，结合自己党小组的实际情况来确定。它大体包括以下几个方面的内容：

①组织党员学习，包括学习马克思列宁主义、毛泽东思想、邓小平理论、"三个代表"重要思想、科学发展观、习近平新时代中国特色社会主义思想，学习党的路线、方针、政策和决议，学习党的基本

知识，学习科学、文化、法律和业务知识。

②讨论上级党组织和党支部的决议，研究贯彻执行各项决议的具体措施，落实各项任务。

③党员汇报思想和工作情况、贯彻执行上级党组织和党支部决议、完成党小组分配的工作的情况。党小组组织党员检查党员的思想、学习和工作，开展批评与自我批评。

④配合党支部做好具体的党务工作，如改选党小组长，酝酿支委候选人和出席上级党代表大会的代表候选人，研究入党积极分子的培养、教育和考察，评选优秀党员和评议党员，讨论对违纪党员的处分等。

⑤分析群众的思想状况。针对群众中存在的思想问题，研究如何做好思想政治工作。

（2）如何开好党小组会。

①选好会议时间。由于党小组会的次数比较频繁，所以要科学安排，在选择会议时间上，既要考虑党员能够集中，也要考虑业务工作、生产的实际情况。比如在农村，党小组会要充分利用农闲时间召开。

②确定会议内容。开会前，党小组长要与党支部书记或有关委员沟通情况，共同商定会议的内容。会议内容一般要围绕党的中心工作和党支部在近一时期的具体任务，结合党员的实际状况来确定。党小组会的内容要集中，主题要突出，切忌面面俱到。

③及早通知。党小组在确定了会议的时间和内容以及地点之后，要提前通知给每个党员，使其做好准备。

④听取意见。如果是研究决定重要问题，党小组长还要在会前广泛听取各方面意见，与上级党组织沟通情况，做到心中有数，以便在会上集中大家的意见，作出正确决定。

⑤组织讨论。党小组长要掌握中心议题，引导党员畅所欲言，充分发表意见。如果是学习讨论，要注意防止泛泛议论。如果是生活会，党小组长要组织党员联系实际，认真开展批评和自我批评，克服老好

人思想，真正解决问题。

⑥做好总结。党小组会上经过充分讨论后，党小组长要进行最后总结，集中大家的意见，统一大家的思想，提出具体措施。便于今后党员贯彻执行。

⑦做好会议记录。党小组会一般应有专人记录，准备专用的记录本。记录应写明会议名称、开会时间、地点及会议讨论研究的议题、内容，并标明党员出席、缺席和列席人员名单、会议主持人、记录人等。记录的内容应详略得当，要真实、准确，不能随意增删、更改，字迹要工整清楚。上级党组织和党支部应定期检查党小组的会议记录。

⑧其他应注意的问题。党小组会的时间一般不宜过长，要力争简短高效；有些党小组会可根据其内容，请党支部书记或委员参加。

（3）党小组生活会的基本内容。党小组生活会是指以组织学习和开展批评与自我批评为主要形式的党小组会。党员人数较少、没有党小组的党支部，则通称党支部生活会。党小组生活会主要是就以下问题进行检查、总结，统一认识，开展批评和自我批评。

①贯彻执行党的路线、方针、政策和决议的情况。

②完成党组织交给的任务，履行党员义务的情况。

③在关键时刻经受考验的情况。包括在严峻的政治斗争面前和当人民的生命财产遭受损失以及面临严重困难，需要党员个人作出牺牲时的表现情况。

④在平时工作、学习、生活中处理国家、集体、个人三者利益，服从党和人民利益、服从整体利益的情况。

⑤学习马克思列宁主义、毛泽东思想、邓小平理论、"三个代表"重要思想、科学发展观、习近平新时代中国特色社会主义思想，不断地加强思想修养，经得起各种风浪考验的情况。

⑥执行党的纪律、遵纪守法的情况。

⑦深入实际、联系群众、服务群众、做群众思想工作的情况。

⑧艰苦奋斗、廉洁奉公、全心全意为人民服务的情况。

⑨开展积极的思想斗争、自觉地同错误思想和行为作斗争的情况。

（4）党小组生活会的准备工作。认真做好党小组生活会的准备工作，是保证生活会质量的重要前提。一般来说，应做如下准备工作：

①党小组长与党支部书记或委员沟通情况，听取党支部对开好党小组生活会的意见。

②深入实际调查研究，确定会议解决的主要问题。

③广泛开展谈心活动，了解本党小组内每个党员的思想情况，做到心中有数。同时，也要要求党员与党员之间，党员与群众之间开展谈心，互相征求意见，找出问题和不足。

④将会议的时间、地点提前通知本人，让党员安排好工作和其他事宜，保证参加。

⑤党小组中有领导干部党员的，应事先征求党内外同志对他的意见，在会前反馈给本人。

⑥报请党支部派人参加。

（5）党小组生活会的基本要求。

①做好会前的准备工作。

②组织党员认真开展批评和自我批评。

③针对生活会检查出的问题，认真研究制定改进措施。

④做好生活会记录。

（6）党小组生活会的开法。

党小组生活会一般由党小组长主持。主持人首先要宣布党员到会情况和会议着重要解决的问题。然后组织引导党员开展批评和自我批评，其主要方法有：

①定调法。即选好第一个发言和第一个提批评意见的人。党小组长应有意地提示让那些敢于解剖自己的同志首先发言，让敢于开展批评的同志第一个进行自我批评。这样有利于创造一个严肃认真的气氛。一般来讲，应让领导带头，这样才有感染力。实践证明，第一个发言的和第一个提批评意见的质量如何，决定整个生活会的质量。所

以党小组长要把好这一关，唱好开场戏，把党小组生活会的调子定得高一些。

②引导法。党小组生活会很容易发生两种倾向：一种是气氛沉闷，打不开局面；另一种是火药味太浓，出现僵局。对前者，党小组长应引导大家抓住问题，开展批评，添油烧火；对后者要及时降温，肯定受批评同志的优点，强调批评是对同志负责，是为了达到新的团结。

③"画像"法。在党小组生活会上，每个党员在做完自我批评之后，要发动大家帮助他画个像。即这个党员到底怎么样，优点是什么，缺点是什么，要客观地、全面地指出来，使大家的意见真正符合本人的实际。给党员画像绝不能轻描淡写，而应重彩浓墨，入骨三分；尤其是缺点，要一针见血地指出来，不能一片颂歌，那样画出来的像，只能是虚幻的、不切实际的。

④剖析法。即对问题比较多的党员，采取重点剖析的方法。实际上，有问题的党员能否认真检查问题，大家能否对其进行认真负责的批评，是党小组生活会能否开好的关键。对这些党员，一定要有重点地帮助，重点地进行评议，并组织党员剖析产生问题的原因。然后，大家对照自己，吸取教训。这样既解决了重点党员的问题，同时也教育了大家。

⑤标杆法。即通过树立共产党员的标杆来帮助党员认识自己的差距。在党小组生活会上，可组织党员对照党员标准和优秀党员的事迹，检查自己的不足，然后大家互相帮助找差距。

⑥示范法。即让领导干部在党小组生活会上带头开展批评和自我批评，做出样子。领导干部以普通党员身份参加党小组生活会，既有利于本人接受党内监督，又有利于带动和影响全体党员。所以，党小组要抓住领导干部，通过发挥他们的带头示范作用，来提高生活会的质量。

（7）开好党小组生活会的有效措施。

①建立健全党小组生活会制度，教育和监督本小组党员认真遵守。

②党小组长要经常了解党员的思想、工作和学习情况以及群众对党员的反映，根据支部的要求和本小组一个时期存在的主要问题，确定党小组生活会的中心议题，并提前通知党员做好准备。开会时要引导大家围绕中心议题进行讨论、发言，力争每次生活会都要有针对性地解决一两个问题，切实讲求会议效果，逐步养成通过正常的民主生活会解决各种思想问题的习惯。

③要引导党员联系思想实际，认真检查自己的工作、学习情况。检查执行党的路线、方针、政策及支部决议的情况，检查发挥党员先锋模范作用的情况。注意不要把小组生活会开成不联系思想实际而泛泛谈工作的"工作汇报会"。

④切实开展积极的思想斗争，认真进行批评与自我批评。按照"惩前毖后，治病救人"的方针，摆事实讲道理，既要弄清问题，又要团结同志。不能采取"事不关己，高高挂起"的自由主义态度。防止把党小组会开成单纯的"自我小结会"。

⑤党员在会上提出的意见、建议及反映出的问题，属于上级党组织的，党小组长在会后要及时向支委会和上级党组织汇报；属于本小组范围内的，要认真研究，应该吸取的吸取，应该改进的改进。

⑥根据不同的内容，采取不同的形式，使小组会开得生动、活泼。

（8）党小组生活会的记录。每次党小组生活会都要认真做好记录。做好记录需注意以下几点：

①指定专人记录。

②有专用的记录本或同一规格的记录纸。

③记录的开头部分，写明会议名称、次数、开会日期、时间、地点及出席、缺席（说明原因）、列席人员名单、主持人、记录人等。

④会议内容要按议定的顺序记录。

⑤尽量采取详细记录法，也可根据情况，把详细记录和摘要记录方法交叉起来运用。

⑥记录要真实、准确，不能随意增删、更改，重要内容要避免

遗漏。

⑦字迹要清楚。

⑧党小组生活会记录要由专人保管，注意保密。要定期装订立卷归档，以备查考。

（9）召开党小组生活会应注意的问题。

①要拿起批评和自我批评的武器。开展批评和自我批评，是解决党内矛盾的主要方法，也是开好党小组生活会的重要一环。因此，要教育党员以自我革命的精神敢于解剖自己，以对同志对党高度负责的精神敢于批评别人。要坚决反对"事不关己，高高挂起""明知不对，少说为佳"的老好人主义，坚持原则，开展积极的思想斗争。要把能否开展批评和自我批评作为衡量党员是否合格的重要条件和衡量生活会质量好坏的主要依据。

②要坚持团结—批评—团结的方针。要创造一个既严肃认真，又友好坦诚的气氛。对同志存在的缺点和错误，要从负责的、团结的愿望出发开展批评，并以解决问题、达到新的团结为目的，反对抓住问题不放、无限上纲、伤害同志的做法。党员听取别人的意见，要做到"闻过则喜"。别人批评对了，要虚心接受，并且及时改正。别人批评错了，可以说明情况，但不能拒绝别人的批评，更不能采取报复的态度。

③党小组长要精心组织，充分发挥作用。党小组生活会能否开好，与党小组长关系很大。首先，党小组长自己要带头开展批评和自我批评，以身作则；其次，要善于引导，讲究方法；还要认真负责，严格要求，尤其是对领导干部，要打消顾虑，敢于提批评意见。

④要搞好整改，做好思想工作。党小组生活会后，要根据会上提出的问题，制定整改措施，认真加以解决。对会上受触动较大的党员，会后要找其谈话，听取意见，做好思想工作，使其放下包袱，正确对待同志的批评意见，改正自己的缺点和错误。

⑤党小组生活会后，要向党支部汇报情况，请求上级党组织指示。

3. 听取本小组党员的思想、工作汇报

听取本小组党员的思想、工作汇报，是党小组党的组织生活工作的一项内容。

党员定期向党组织汇报自己的思想和工作情况，是党员接受党组织教育和监督的一种方式，也是党组织了解掌握党员思想和工作情况的一种途径。在我们党内已经形成了一个优良传统。应当继续坚持下去，并且不断加以完善。

实践经验证明，党员向党组织汇报自己的思想和工作，可以使党组织了解和掌握党员贯彻执行党的路线、方针、政策和决议的情况，帮助党员增强政策观念，端正政治方向，着力用马克思主义中国化最新成果武装自己，做到不断增强贯彻落实习近平新时代中国特色社会主义思想的自觉性和坚定性；可以使党组织切实地了解党员的思想情况，有针对性地进行思想教育，帮助党员提高思想觉悟，防范各种腐朽思想的侵蚀，牢固树立共产主义远大理想和中国特色社会主义坚定信念；同时，通过这种汇报，可以不断培养和增强党员的组织观念和纪律观念，鞭策他们不断按照共产党员的条件来检查和要求自己，促使他们在生产、工作和社会活动中，充分发挥先锋模范作用。因此，每个共产党员，都要自觉地向党组织定期汇报自己的思想和工作，特别是党员干部，更要以普通党员的身份，向党组织汇报自己的思想和工作情况。

所谓定期汇报，主要是指定期参加党的支部和小组生活会，在党的组织生活会上，认真负责地向党组织汇报自己的思想和工作，求得党组织和同志们的帮助。此外，党员自己或别人如在思想和工作中产生什么问题，出现什么情况，应当随时向党组织汇报和反映，党员外出时间较长的，应当用书面的或口头的形式，向党组织经常汇报自己的思想和工作情况。

4. 组织本小组党员学好党课

（1）督促和教育本小组党员认真听党课。党课是教育党员的一项制度，是党组织以党章和《关于新形势下党内政治生活的若干准则》为基本教材，结合各个时期党的中心工作，紧密联系本单位情况和党内思想实际，有效地教育党员提高政策、思想水平的好方法。因此，党小组要教育本小组党员，自觉地、积极地参加听党课。

（2）组织本小组党员讨论好党课。这是消化党课内容，提高党课教育效果的重要一环。因此，在听完党课后，党小组应及时组织党员进行讨论。引导党员正确领会精神实质，不断提高理论水平，同时自觉地联系自己的思想、工作实际，肯定成绩，找出差距，总结经验教训，努力使自己成为一个合格的共产党员。

（3）正确处理党课学习中的有关问题。如果有的党员对党课的某些内容和观点有不同看法，可以在讨论会上或通过其他形式向党组织提出，也可以在小组内进行讨论。这是党内民主生活所允许的，它有利于弄清问题，提高党课的质量。但是，党小组应教育本小组的党员，不要在会外或群众中随便谈论。

5. 组织本小组的党员领导干部过好组织生活

编入党小组的党员领导干部，应该和其他党员一样，参加小组的组织生活。作为党小组长，要消除顾虑，敢于负责，在召开党小组会或党小组进行其他活动前，及早通知在本组的党员领导干部，并提出要求，让其安排好工作，按时参加党小组的组织生活，并向党小组汇报自己的思想、工作和学习情况，接受党员的监督。但是，由于党的各级领导成员参加了党组织的集体领导，因此，在汇报情况时，如涉及委员会内部的一些情况，比如委员之间的矛盾、对问题的不同看法，以及暂不宜向全体党员公开的问题等，党小组长不要要求其向小组汇报。

6. 处理好党员在不同情况下的组织生活

（1）外出党员（出差、学习、做工、领办企业等）的组织生活。

①党员长期外出，且有固定单位，时间超过6个月以上，不能回

原单位参加组织生活的党员，原单位的党组织可将他们的组织关系转到外出所在单位的党组织，参加当地党组织的组织生活。

②党员外出在 3 个月以上 6 个月以内的，原单位党组织可出具党员证明信，由所到单位的党组织将其编入支部或小组过组织生活。

③党员外出地点不固定，不能按时参加党的组织生活的，时间在 3 个月以上者，应主动与原单位党组织保持经常联系，汇报外出情况，并按时交纳党费、定期向党组织汇报思想、工作情况。

④党员临时出差（3 个月以内），经党组织同意，可暂不参加组织生活，返回原单位后应向党组织汇报外出期间的工作、学习等情况。党组织要组织他们过组织生活，传达党内有关文件。

⑤有 3 人以上党员一起外出，可成立临时支部或党小组，定期过组织生活。

⑥就近做事的党员，要提前通知上党课和召开党小组会或党员大会的时间，使他们能按时参加党的组织生活。

⑦持临时组织关系的党员，同所到单位的党员一样，参加那里的组织生活，但无表决权、选举权和被选举权，所到单位建立临时性党组织的，他们在这些临时党组织内，有表决权、选举权和被选举权。

（2）长期病休、疗养党员的组织生活。

①对病情较重，过组织生活有困难的党员，党小组不要勉强要求他们参加党的组织生活，可在一定时间内，指定党员负责与他们联系，向他们传达党内文件和党内重要活动情况，听取他们的意见和要求。

②对病情较轻，身体条件允许，本人也坚持要求参加党组织生活的党员，党组织可以安排他们参加组织生活和一些重要活动，但次数不宜太多，时间不宜太长，以免影响他们的身体健康。

③对那些长期住疗养院的党员，休养地距本单位又较远，可以开具党员证明信，由疗养单位酌情安排他们的组织生活。

④患有精神病的党员，在患病期间，由于他们不能履行党员的权利和义务，可以暂时停止其党的组织生活和党内其他政治活动，保留

党籍。在他们病愈以后，是正式党员的，应立即恢复其组织生活；是预备党员的，须经过一段时间的考察，如果确已具备正式党员条件，可以按期转正。留党察看处分期间患有精神病的党员，病愈后经过一段时间的考察，如对其所犯错误有了认识，并且已经改正，可以恢复其正式党员权利，参加党的组织生活。

（3）离休、退休、退职党员的组织生活。对于离休、退休、退职的党员，党组织不仅要关心他们的生活和健康，而且要从政治上关心他们，组织他们过好党的组织生活。

①凡就地安置并归原单位管理的离、退休干部中的党员，原单位的党组织应将其编入支部，定期过组织生活。如人数较多，可以单独编成小组或支部。居住地离原单位较远、经常来往不便的离、退休干部党员，可定期回原单位参加组织生活，平时可通过写信方式向党组织汇报情况，或参加居住地街道、村的一些社会活动，也可由党支部指定专人与他们保持联系。凡党的组织关系过去已转到街道党组织的退休党员干部，仍应在街道参加党的组织生活。

②凡在本地安置的退休工人党员和退职干部、工人党员，其组织关系一般应转到居住地区街道、村的党组织，在当地过党的组织生活。

③离开原单位所在地去外地或回原籍安置的离休、退休、退职人员中的党员，其党组织关系应转到接收地区，由接收安置地区的党组织负责安排和组织他们过党的组织生活。

④离、退休党员因看病、探望子女和亲属，外出时间 6 个月以上的，应和其他党员一样由本单位的党组织开具党员证明信，由所到单位（或地区）的党组织安排其参加党的组织生活。

⑤离、退休党员较多的地区和单位，为使他们及时看到党内文件、收听到党内文件的传达，党组织可根据具体情况，适当增印一些，作为专用，由专人负责保管。

⑥根据离休、退休、退职党员年老体弱的特点，党小组在安排他们过组织生活时，次数不宜过多，时间不宜过长，对行动不便的老同

志，也不要勉强要求他们参加党的组织生活。

党组织应指定党员负责向他们传达文件和有关会议精神，听取他们的意见和要求，与他们保持经常的联系。

（4）受处分党员的组织生活。

①受留党察看处分的党员，在留党察看期间，没有表决权、选举权和被选举权，其他权利和义务都同原来一样，仍要参加党的组织生活。

②受停职反省处分的党员，在停职反省期间一般应照常参加党的组织生活。有的党员干部错误严重，甚至违法犯罪，经过上级党组织批准，在停职反省期间，也可以不让其参加组织生活。

③支部大会决定开除党籍或取消预备党员资格的人，在上级党委批准之前，仍可参加组织生活，如其问题属敌我矛盾，应停止其组织生活，待上级党委批示后，再按批示执行。

④在整党和民主评议中被党组织定为暂缓登记，这只表明其本人表现较差或犯有较严重的错误，与党员标准距离较远，对其缓登是给这类党员一定时间的考验、改过的机会。因此，还应让他们继续参加党的组织生活，以接受同志们的帮助，尽快达到党员标准。

（5）其他几种情况党员的组织生活。

①共青团员入党以后，一般可以不参加团的组织生活，而参加党的组织生活。如团工作需要担任团内职务，经党组织同意，除参加党的组织生活外，可继续参加团的组织生活。如果党团组织生活或活动的时间发生冲突，应根据活动内容，取得党组织同意后，确定参加党或团的组织活动。

②自费出国留学的党员，学成回国后，经过党组织的调查和了解，证明在国外确无问题，可以恢复党的组织生活。

③女党员在产假期间，休完国家劳动保护制度规定的产假之后，应按要求参加党的组织生活。

④经支部大会通过接收为预备党员的人，在上级党委批准前，不

能以党员身份参加党的组织生活。

三、活跃党小组组织生活

1. 要增强党的组织生活吸引力

党的组织生活对党员缺乏吸引力，这是当前党的基层组织遇到的普遍问题。要增强党的组织生活的吸引力，健全党的组织生活，主要应注意解决如下几个问题：

（1）要提高党员对组织生活的认识。

①党的组织生活会制度是党的工人阶级同时是中国人民和中华民族先锋队性质的组织保证，党员必须参加党的一个组织，经常接受党组织和党员的监督。没有严格的组织生活，党就无法把各级党组织和广大党员有效地组织起来，党的先锋队性质就要受到损害。

②党的组织生活会制度是纠正党内各种错误，提高党的战斗力的基本保证。在组织生活会上，党员之间可以针对自己或其他同志存在的问题，认真开展批评与自我批评，达到弄清是非，团结同志的目的；反之，如果组织生活过不好，党的组织和党员工作中表现出来的错误，就很难得到及时克服和纠正。

③党的组织生活会制度是党内民主建设的需要。组织生活是党员行使民主权利、管理党内事务的正常渠道，健全党内民主集中制，推动党内政治生活民主化。党组织要尊重党员的民主权利，党员也要积极参与党内事务，这都必须从正常的组织生活中体现出来，如果组织生活流于形式，党内就不可能有真正的民主，党内生活就不会正常，党的团结统一也就没有保障。

（2）要不断丰富组织生活的内容。

①提高组织生活质量的关键问题是党的组织生活的内容要紧密结合党的中心工作和党员的思想实际。组织生活会要善于针对人们议论的热点问题，联系党员的思想实际，引导党员澄清是非，用邓小平理

论、"三个代表"重要思想、科学发展观，特别是习近平新时代中国特色社会主义思想和党的基本路线，统一思想、统一行动。

②党的组织生活会每次要有计划地选取一两个有针对性的实际问题，组织党员讨论，让大家各抒己见、畅所欲言，在讨论中求统一，在争辩中求提高。例如，如何看待党内存在的某些腐败现象？党员在组织生活会上联系本单位、本部门的实际，摆事实、讲道理，在党组织引导下进行认真讨论，通过剖析腐败现象的表现及存在的原因，让大家寻求解决腐败现象的办法和途径。这样，既能提高党员的认识，又能解决他们的思想问题，使党员们感到有收获，能够从组织生活中不断汲取政治营养。有收获就有热情，有热情才会产生积极性，才能增强组织生活的吸引力。

（3）组织生活形式要灵活多样。

①根据党员的不同层次、不同文化、不同心理的特点，有针对性地开展各种形式的活动，是提高组织生活质量的重要条件。安排组织生活会，要根据内容和对象的特点进行，或开会，或参观，或听报告，或看电视电影，或访问，不能搞"一刀切"。党的组织生活形式多样化，其目的是把严肃、庄重的教育寓于生动活泼的形式之中，增强教育的效果。如果把形式活泼多样视为凑热闹，就降低了组织生活的严肃性，这种做法是不可取的。

②组织党员学习党的路线、方针、政策，学习中央及上级组织的有关文件，学习报纸杂志的重要文章，也是组织生活的重要形式。每个党员都要以认真的态度积极参加党组织安排的政治理论学习，不可在学习上敷衍塞责。而且，在安排学习时，要认真组织，有充分的准备，不能搞盲目的例行公事。对青年党员和老党员、文化程度较高的党员和文化程度偏低的党员或不识字的党员，对知识分子党员和工人、农民党员，组织学习的方式应有所区别，或简明扼要，或通俗讲解，要因对象而异。

③建立党员活动室或开辟活动园地。建立活动园地，是党小组搞

好组织生活必不可少的物质条件。有条件的单位，党小组可以建立党员活动室。党员活动室应有浓厚的教育色彩，例如，排党旗、张贴入党誓词、党员目标责任制、党小组活动计划、制度、评比竞赛栏等。党员经常在党员活动室开展活动，可以使党员受到感染熏陶，从而增强党员意识。

无条件建立党员活动室的党小组，也可因地制宜，因陋就简，开辟党员活动园地。例如，可以和生产班组、工作科室结合，在办公室内或楼道中厅开辟一角，作为党员活动园地。要充分利用这个园地，反映党员的学习、工作、生产和生活情况。

除建立党员活动室之外，党小组长还要充分利用一切宣传报道手段，宣传党员组织生活情况。例如，办壁报，向广播站、厂报、县报及当地党刊投稿等。

2. 要使党的组织生活制度化

（1）党的先进性和民主集中制原则决定必须严格党的组织生活制度，党的先进性就是靠党的组织性和纪律性保证的。离开严格的组织生活，党就很难形成统一的步调和力量，党的领导就会受到影响和损害。而要严格党的组织生活，首先就要使党的组织生活制度化。

（2）组织生活制度化，是提高组织生活质量的有力保证，基层党组织要制定组织生活的具体制度，对活动时间、次数、内容、方法等作出较为具体的规定，党员必须遵守组织生活制度，积极参加组织生活，这是衡量一个党员够不够格的条件之一。

（3）党的组织生活制度化，也是加强党的思想建设和作风建设的需要，改革开放给党的思想建设提出了新任务、新要求。而以坚定理想信念为重点加强思想建设，主要靠党的组织生活来实现。群众对部分党员，尤其是对一些党员领导干部官僚主义、以权谋私的意见很大。党的作风建设必须加强，而加强的基本途径，也要靠严格的组织生活，提高政治理论水平，增强党性，开展批评和自我批评，加强党内监督，树立全心全意为人民服务的世界观，保持同人民群众的血肉联系。所以，把党的组织生活制度化，才能加强对党员的约束力，进一步推进党组织的各方面建设。

3. 要完善组织生活的活动机制

要使党小组的组织活动真正落到实处，必须建立一套完整的组织生活的活动机制。

（1）党小组长作为一组之长，要有强烈的事业心和高度的责任感。对党小组的工作要认真负责，对党小组的活动要统筹安排，对本组党员要敢于管理、善于管理、科学管理，做一个称职的党小组长。

（2）党员要支持党小组长的工作。党员对党小组的工作应树立主人翁意识，把搞好党小组的工作当作自己应尽的责任。因此，党员要自觉地服从党小组长的领导和管理，积极参加党小组的组织活动，努力完成党小组长分配给自己的工作任务，及时向党小组长反映党外群众的意见和要求，主动协助党小组长开展组织活动。

（3）建立党员参加组织活动的管理制度。为了保证党员积极参加党小组的组织活动，除对党员加强思想教育外，还应有必要的管理办法。例如，根据一些单位创造出来的经验，可向党员颁发《党员参加组织生活记录卡》或《党员手册》，用于记载党员参加党小组和党支部组织生活、交纳党费、考评成绩等方面的情况。

第八节 协助党支部做好维护党的纪律的工作

党的纪律是党的各级组织和全体党员必须遵守的行为规则，每一名党员都必须充分认识到党的纪律的重要性，自觉遵守党的纪律。

一、党的纪律的含义

中国共产党的纪律（简称"党的纪律"）是由党的性质所决定的。它是按照党的纲领和民主集中制原则，根据革命、建设进程和实现党的路线、方针、政策的需要而确立的各种原则、规章制度、条例和决定的总和，是党的各级组织和全体党员必须共同遵守的政治生活准则和言论、行动的规范。这个概念主要包含以下几层意思：

（1）党的纪律是由党的性质所决定的。它是中国工人阶级、中国人民和中华民族根本利益的体现，并为维护党的性质服务，为实现党的奋斗目标服务。它同一切体现少数人利益的剥削阶级政党的纪律和其他非工人阶级政党的纪律，有着本质的区别。

（2）党的纪律是各种党内规范的总称。其中，党章是党内的根本法规和制定各项具体纪律规范的基本依据。各项具体纪律规范主要包括党的全国代表大会和党的中央委员会、中央纪律检查委员会根据党的纲领的要求和贯彻党的路线、方针、政策、决议的需要，通过一定的组织形式制定和颁布的制度、条例、准则等党内规范性文件；包括党针对某些专门问题和一定范围人员制定的具体条例、制度和规定。各级党组织为了贯彻执行党中央制定的法规，结合当地实际情况而作出的某些更加具体的规定。

（3）党的纪律是党组织和党员必须遵守的行为准则，对于党组织和党员的言行，起着规范的作用，大多数党组织和党员是能够自觉遵守的；对于少数党员违反纪律的行为，它具有强制的作用，违纪者要受到党组织和党的纪律检察机关的追究。

二、党的纪律的主要内容

中国共产党从建党之日起，就制定了党的纪律。100年来，随着革命和建设事业的不断前进，随着党的队伍的不断壮大，党的纪律建设也在不断发展，现在已经形成了十九大党章和《关于新形势下党内政治生活的若干准则》为核心的、具有中国共产党特点的比较完整的纪律体系。

我们党是靠革命理想和铁的纪律组织起来的马克思主义政党，纪律严明是党的优良传统和独特优势。党的十九大通过的《中国共产党章程（修正案）》中第四十条，明确党的纪律主要包括政治纪律、组织纪律、廉洁纪律、群众纪律、工作纪律、生活纪律，使全面从严治党的尺子越来越清晰。

严明党的政治纪律，维护党的团结和集中统一。政治纪律是各级党组织和全体党员在政治立场、政治方向、政治言论、政治行为方面必须遵守的规矩，是牵头的管总的纪律，遵守党的政治纪律是遵守党的全部纪律的重要基础。要遵守和维护党章，落实新形势下党内政治生活若干准则，把政治纪律和政治规矩摆在首位，强化党内监督，引导党员领导干部增强政治敏锐性和政治鉴别力，自觉维护党中央权威和集中统一领导，维护全党团结统一。

严明党的组织纪律，增强全党组织纪律性。组织纪律是规范和处理党的各级组织之间、党组织与党员之间以及党员与党员之间关系的行为规则，是维护党的集中统一、保持党的战斗力的基本条件。要把"四个服从"作为最基本的纪律，督促党员干部强化组织意识，严格遵守组织制度和程序，严格执行民主集中制和请示报告制度，严格按组织原则和组织程序办事自觉接受组织安排和纪律约束。

严明党的廉洁纪律，遏制腐败蔓延势头。廉洁纪律是党组织和党员在从事公务活动或者其他与行使职权有关的活动中应当遵守的廉洁用权的行为规则，是干部清正、政府清廉、政治清明的重要保障。腐败是党长期执政面临的最大威胁。要严肃查处权权交易、权钱交易和权色交易行为，超标准、超范围接待以及收受礼品、礼金、消费卡等行为，永葆共产党人清正廉洁政治本色。

严明党的群众纪律，保持党同人民群众的血肉联系。群众纪律是党的各级组织和全体党员贯彻执行党的群众路线和处理党群关系必须遵守的行为规则，是党的先进性的重要体现。要坚守人民立场，增强群众感情，提高群众工作本领，严肃查处超标准、超范围向群众摊派费用以及克扣群众财物、拖欠群众钱款等行为，严肃查处在社会保障、救灾救济款物分配等事项中优亲厚友、显失公平的行为，严肃查处对待群众消极应付、推诿扯皮、态度恶劣等行为，始终保持党同人民群众的血肉联系。

严明党的工作纪律，压实管党治党政治责任。工作纪律是党的各级组织和全体党员在党的各项具体工作中必须遵守的行为规则，是党的各项工作正常开展的重要保证。要紧紧抓住全面从严治党主体责任这个"牛鼻子"，严肃追究对主体责任认识不清、落实不力，或者不敢担当、不愿负责的行为，严肃追究党组织负责人不负责任或者疏于管理，对存在的问题装聋作哑、避重就轻等行为，确保全面从严治党政治责任落到实处。

严明党的生活纪律，自觉培养高尚道德情操。生活纪律是党员在日常生活和社会交往中应当遵守的行为规则，涉及个人品德、家庭美德、社会公德等各个方面，直接关系党的形象。要严肃查处享乐主义、奢靡之风、追求低级趣味等行为，严肃查处违背家庭伦理和社会公序良俗的行为，督促党员干部在生活上做好表率。

六大纪律相互联系、相互统一，涵盖党的纪律各个方面，体现了对党员的高标准严要求，为保持党的肌体健康、维护党的团结统一提供了有力武器，为贯彻党的路线方针政策、完成党的各项任务提供了重要保证。

三、维护党的纪律的重要性

《中国共产党章程》规定："党组织必须严格执行和维护党的纪律，共产党员必须自觉接受党的纪律的约束。"我们党是根据自己的纲领和章程，按照民主集中制原则组织起来的统一整体，全党必须切实做到：党员个人服从党的组织，少数服从多数，下级组织服从上级组织，全党各个组织和全体党员服从党的全国代表大会和中央委员会。只有这样，才能真正实现党的集中统一，维护党的团结，巩固党的组织，提高党的战斗力，充分发挥党的领导作用。

纪律是执行党的路线、方针和政策的保证。只有坚决维护党的纪律，才能使党的各级组织和全党同志，在思想上政治上行动上同党中央保持一致，坚决执行党的路线、方针、政策，做到统一政策、统一指挥和统一行动。不这样，就很难防止和克服在党的路线、方针、政策问题上各自为政的无政府主义现象，就无法制止那些公开或变相抵制和反对党的路线、方针、政策的行为，因而党的路线、方针、政策就得不到贯彻执行，党的正确领导的实现就失去了保证。

纪律是保持和发扬党的优良传统，反对腐败，实现党同群众密切联系的重要条件。实践证明，只有实行严格的纪律，才能使党的组织和共产党员保持共产主义思想的纯洁性，抵制各种腐朽思想作风的侵蚀，更好地保持和发扬党的艰苦奋斗、克己奉公、始终与群众同甘共苦、全心全意为人民服务等优良传统，使腐败现象得到根本遏制，从而带动整个社会风气的根本好转。

第九节　党小组长其他工作职责

一、具体组织党员去实现党支部的决议和工作任务

使上级党组织和党支部的决议得到有效的贯彻执行，这是党小组的一项主要任务。要完成这一任务，首先要统一党小组中每一个党员

的思想。只有全组党员心往一处想，劲往一处使，才能保证各项决议的贯彻实施。因此，党小组长必须把宣传和执行上级党组织和党支部的决议作为一项主要工作来抓。要组织党员认真学习、讨论上级党组织和党支部的决议，使党员充分理解和把握这些决议的内容和精神实质，提高贯彻执行决议的自觉性和主动性。与此同时，党小组长还要组织党员联系实际提出具体贯彻执行决议的措施，使上级党组织和党支部的决议与党小组的任务和具体工作有机地结合起来，给每一个党员分配一定的工作任务，并向党支部汇报党员的思想、工作、学习情况，组织党员去实现党支部的决议，指导、督促党员完成党支部布置的各项工作任务，这样才能真正保证党的决议得到有效的贯彻执行。

二、协助党支部做好党员的教育、管理、监督和服务工作

加强党员教育、管理监督和服务，严格党的组织生活，加强党组织的监督，这也是党小组的一项主要任务和经常性工作。党章明确规定：基层党组织要"对党员进行教育、管理、监督和服务，提高党员素质，坚定理念信念，增强党性，严格党的组织生活，开展批评和自我批评，维护和执行党的纪律，监督党员切实履行义务，保障党员的权利不受侵犯。加强和改进流动党员管理"。党小组长通过做好这方面的工作，可以使党员经常地处于党组织的教育、管理和监督之中，使党员的组织观念、纪律观念不断地得到锻炼和提高，成为自觉履行党员的义务，正确行使党员的权利，遵守党的纪律的工人阶级的先锋战士。正因为如此，党小组长必须抓好对党员的教育、管理、监督和服务工作，要根据党小组工作的特点，在开展党内教育、管理、监督和服务工作时，根据实事求是的原则、民主公开的原则、惩前毖后治病救人的原则、在党纪面前人人平等的原则，组织党内的交流谈心，听取党员的思想汇报，关心了解党员的思想、工作、学习、生活等情况，帮助党员解决实际困难，及时掌握党内的思想动态，并针对党员存在的各种问题，进行卓有成效的思想政治工作。要依据党章和党规

党纪，通过健全完善党小组的各项规章制度，建立健全互相监督的约束机制。严格党员管理，真正把党员组织起来，使党员自觉执行党的决议，遵守党的纪律。注意协助党支部做好对流动党员的管理工作。要加强党内监督，通过完善监督内容，疏通监督渠道，健全监督制度，做到党章所规定的那样，每个党员不论职务高低，都必须编入党的一个支部、小组或其他特定组织，参加党的组织生活，接受党内外群众的监督。党小组长要经常、及时地把党员教育、管理、监督和服务的情况，以及党小组内的工作、学习情况向党支部汇报，从而使党支部更好地了解党组织内的状况，更好地指导党小组工作。

三、协助党支部做好党务工作

党小组长首先要协助党支部做好发展党员工作。要按照党章的要求，发展党员的指导思想和方针，配合、协助党支部建立要求入党的积极分子队伍。指定专人负责对某个入党积极分子进行培养、教育和考察，并定期向党小组、党支部汇报。党小组长也可以采取吸收入党积极分子参加党的活动的方式，对入党积极分子进行教育培养。党小组长在接收新党员的过程中也应努力发挥自己的作用。一般情况下，接收新党员应先由党小组酝酿讨论，提出初步的意见，然后报支部委员会，再提交支部党员大会讨论。预备党员在预备期内，党小组长要经常利用各种方便条件，对预备党员进行帮助，听取思想汇报。在预备党员转正时，可先由党小组酝酿讨论，并根据平时考察情况，提出转正意见，这样更有利于党支部了解转正党员的情况，便于党支部委员会审查和党员大会讨论决定。

党小组长还应协助党支部做好党员评议工作。党员评议是党的组织建设、思想建设、作风建设的重要方式和内容。因此，要充分发挥党小组在党员评议工作中的作用。具体地说，就是按照十九大党章、党的决议的规定和党支部的布置和安排，搞好评议的摸底、动员和学习工作，组织谈心活动，积极开展批评与自我批评，做好方方面面的思想政治工作，保证民主评议工作的顺利进行。

此外，党小组长还要协助党支部做好党费收缴等项具体工作。

四、教育党员在各项活动中发挥党员的模范带头作用

党小组同所在单位的行政班组、工会小组和团小组的关系不是领导和被领导的关系，但他们在工作中应互相支持、互相配合、互相帮助。在这一过程中，党小组长应该通过积极的宣传、组织、思想政治工作和充分发挥党员的先锋模范作用，影响和带动所在单位的行政班组、工会小组、团小组更好地开展工作。因此，党小组长应当关心行政班组、工会小组、团小组的工作，加强与它们的联系，积极帮助行政班组、工会小组、团小组开展活动。党小组长要采取一切行之有效的方法，动员和组织党员积极投身到本职工作中去，教育党员服从行政领导，在同级的行政、工会等小组所组织的各项活动中起模范带头作用，并用自己的模范行动去组织群众、宣传群众、服务群众、激励群众，积极完成生产、工作任务，在各项工作中做群众的表率，提高党的威信。

五、组织党员积极开展创先争优活动

党的十九大通过的党章第三十二条提出，"充分发挥党员的先锋模范作用，积极创先争优"，为了更好地协助党支部做好各项工作，在党支部的统一领导下，充分发挥共产党员的先锋模范作用，努力完成各项生产和工作任务，党小组长应组织党员积极参加到创先进党支部的活动中去。这也是党小组的一项重要任务。党小组长应注意从本单位的实际出发，注意竞赛形式的多样化，注意培养树立典型和标兵。要通过开展党内创先争优的竞赛活动，充分调动广大党员的积极性和创造性，使党的组织和党员、党员干部在群众中树立起良好的形象，进一步密切党和群众的关系，在党内形成人人奋进、力争上游的良好环境。

由于各条战线有不同的环境、特点和具体工作任务，因此，各条战线党小组长的工作重点也应有所不同。厂矿企业的党小组长，应围绕企业生产经营这一中心工作开展活动，积极为本单位建功立业；农村的党小组长，应围绕乡村振兴大局，加快农村经济社会发展这一中心进行活动；机关党小组长，应以协助党支部引导党员不断克服官僚主义、形式主义，搞好廉政建设，提高工作效率和服务水平这方面的内容开展工作；学校的党小组长，要以全面完成教学计划，培养"四有"新人为主要活动内容；社区、街道的党小组长，应高度重视社区、街道党的建设，以服务群众为重点，以加强城市管理、社区服务，保持社会稳定，促进经济和社会发展为主要活动内容。总之，不同战线党小组的基本任务是一致的，但具体抓什么又有所不同。

第十节　认真执行党小组的各项制度

认真执行党小组的各项制度，开展小组内的各项活动，是衡量一个党员党性强弱的重要标志。党小组的各项制度，都是为了有效地贯彻上级党组织的各项制度，使党小组的工作步入科学化、规范化的轨道，保证党员正常的政治生活。作为党小组长，必须模范遵守，并通过自己的勤奋工作，把本小组的各项活动搞得有声有色，使之充满生机和活力。

认真执行党小组的各项制度，是党小组建设的一项基础工作，也是做好党小组各项工作的前提。在党小组划分和建立以后，党小组长应认真执行如下几项制度：

一、认真执行党小组学习制度

学习制度。根据上级党组织规定的学习内容、方式、方法和要求，按照党支部的布置和规定，结合党小组的实际情况，对学习时间、内容、方法、步骤等作出明确、具体的规定。

党员学习的内容：一是深入学习马克思列宁主义、毛泽东思想、邓小平理论、"三个代表"重要思想、科学发展观、习近平新时代中国特色社会主义思想；二是学习党的路线、方针、政策和决议；三是学习党的基本知识；四是学习科学、文化法律和业务知识；五是学习时事政治。

党员学习的方式：一般采取长期计划和近期安排相结合、集中学习与分散学习相结合、讨论与自学相结合等方式。

党员学习的方法：主要采取党课教育、课堂教育、演讲对话、民主讨论、走访参观、实地考察、剖析典型、答辩解疑等。

党员学习的要求：学习要坚持理论联系实际，立足于提高党员的政治素质、文化素质和业务素质，增强党员的党性，提高运用科学理论分析和解决实际问题的能力，等等。

根据上述党员学习的内容、方式、方法和要求，党小组长应按照党支部关于党员学习的布置和规定，结合党小组的具体情况，建立健全党小组的学习制度；对党小组的学习时间、内容、方式、方法等要作出明确的规定。党小组长每月一般应组织一次党员学习。在学习的内容上要做到系统性和针对性相结合。在学习的方式上要强调党员自学为主，辅以党课和讨论等其他形式。要定期检查学习笔记，督促党员提高学习的自觉性。对学习的内容、方式等要做到年有安排、季有计划，并且落到实处。

二、认真执行党小组会制度

党小组会是党员组织生活的重要组成部分，是党小组活动的主要形式之一，也是提高党员素质的有效措施。党小组会一般每月召开一至两次，如支部有特殊任务，次数可增加，也可以推迟召开。

党小组会的主要内容：深入学习贯彻中国特色社会主义理论体

系，着力用马克思主义中国化最新成果武装党员，深入贯彻落实习近平新时代中国特色社会主义思想，贯彻党的路线、方针、政策；传达支部的决议，讨论贯彻支部决议的具体措施及每个党员应承担的任务；党员汇报思想、工作、学习和执行党的决议的情况，开展批评与自我批评；根据支部的统一安排，定期开展民主评议党员活动；分析群众的思想状况，研究如何做好群众工作；研究入党积极分子的培养教育，研究发展对象，评选优秀党员，讨论对党员的处分等党务方面的有关工作。

开党小组会要讲求效果。会前要有准备，会议的内容要集中，每次党小组会都要有针对性地重点地解决一两个问题，不要会前无准备，会上不着边际地东拉西扯，以致浪费时间，不解决问题，挫伤党员参加党小组会的积极性。

三、认真执行党小组民主生活会制度

党小组民主生活会简称党小组生活会，是指以组织学习和开展批评与自我批评为主要内容的党小组会。党员人数较少、没有党小组的党支部，则通称党支部民主生活会（简称党支部生活会）。这是党的组织生活会的一种形式，也是提高党员素质，充分发挥党员先锋模范作用的一个重要途径。

党小组生活会主要是就以下问题进行检查、总结，统一认识，开展批评和自我批评。即：贯彻执行党的路线、方针、政策和决议的情况；完成党组织交给的任务，履行党员义务情况；在关键时刻经受考验的情况；在平时工作、学习、生活中处理国家、集体、个人三者利益，服从党和人民利益、服从整体利益的情况；学习马克思列宁主义、毛泽东思想、邓小平理论、"三个代表"重要思想、科学发展观、习近平新时代中国特色社会主义思想，坚持用发展着的马克思主义指导客观世界和主观世界的改造情况；执行党的纪律、遵纪守法的情况；深入实际、联系群众、做群众思想政治工作情况；艰苦奋斗、廉洁奉

公、全心全意为人民服务的情况；开展积极思想斗争、自觉地同错误思想和行为作斗争的情况；等等。

党小组生活会一般每季度召开一次，根据实际情况需要，也可以随时召开。党小组长要深入实际调查研究，确立会议解决的主要问题，做好会前的准备工作。党小组生活会要坚持思想性、政治性和原则性，认真开展批评与自我批评。对同志的缺点和错误，要从团结的愿望出发，经过批评，在新的基础上达到新的团结；对于自己的缺点和错误，要严于解剖，以达到互相帮助、互相监督、总结经验、统一思想的目的。党小组长要带头开展批评与自我批评；要认真做好会议记录；党小组生活会后要将会议情况，检查和反映出来的问题，整改措施及时向党支部汇报。

四、认真执行党员汇报制度

在党内建立党员汇报制度，使每个党员定期向党组织汇报思想和工作以及学习等情况，这是党内生活的优良传统，也是党组织管理党员的重要途径。在党小组内建立党员定期汇报制度，严格要求党员定期汇报思想和工作等情况，有利于党小组了解、掌握党员的状况，对党员进行有针对性的教育、指导和帮助，也有助于党员提高认识，增强党性和组织观念，不断提高思想政治素质，所以，建立健全党员定期汇报制度非常必要。党小组长应对党员汇报思想和工作的时间、内容、方式等作出明确的规定。特别是对那些外出做临时工作、外出务工经商、独立经营和出差、学习的党员，党小组长也要作出具体规定，要求这些党员定期作口头和书面汇报，以便党组织及时掌握他们的情况，更好地实施党员教育和管理。一般来说，党员向党组织汇报的内容主要是党员自己的学习、思想和工作情况，也可以向党组织汇报党内其他同志的模范事迹或不良倾向，揭发违纪问题，开展批评和自我批评，等等。党员向党组织汇报的方式主要有：在党小组会和党小组生活会上口头汇报自己的思想和工作情况；定期向党组织提交书面报告；同党员干部谈心，汇报自己的情况；征求对自己的意见；等等。

五、认真执行入党积极分子培养、教育、考察制度

发展党员工作是指基层党组织对群众中愿意为社会主义、共产主义事业献身的先进分子着重进行培养、教育、考察，在他们具备入党条件后，及时将他们吸收为党员的全过程。发展党员工作制度主要包括对要求入党的积极分子和预备党员培养考察工作制度。它是党的建设中的一项基础性工作，是党支部的一项基本任务，也是党小组长的重要工作内容之一。

在发展党员工作中，要把工作的着重点放在对要求入党的积极分子的培养、教育和考察上，只有建立一支数量较多、素质较高的入党积极分子队伍，才能使党组织有足够的后备力量，不断发展壮大。一是要做好入党启蒙教育工作，主动关心申请入党人员的进步，要及时谈心，适时教育、鼓励要求入党人员的积极性，并指出其争取入党的努力方向。二是要按照条件确定要求入党的积极分子，落实培养联系人，以便做好对要求入党人的培养教育工作。三是要建立要求入党的积极分子档案。档案的内容一般包括本人的入党申请书，思想、工作、学习汇报，积极分子培养写实册，培养情况记载以及征求党内外同志意见的记录等，是共青团员的还应有团组织的鉴定材料等。四是要做好对要求入党的积极分子的考察工作。党小组对要求入党的积极分子进行考察的主要内容是，考察入党积极分子的入党动机是否端正，是否树立了共产主义信念，是否拥护并坚决执行党的路线、方针、政策；考察要求入党的积极分子对党是否忠诚老实，是否能做到个人利益服从党的利益，自觉遵守政纪、国法和各项规章制度及社会公德；考察要求入党的积极分子在各项工作中是否起骨干带头作用，并为社会主义事业作出突出的贡献等。

在发展党员工作中，考察要求入党的积极分子的主要方法是：听取积极分子汇报，找党员、群众个别谈心了解情况，党小组定期分析

积极分子的表现，召开党员群众座谈会听取对积极分子的意见和反映，通过和积极分子一道工作、学习进行直接了解，等等。对入党积极分子的考察，党小组长要每季进行一次。针对存在的问题，采取调整和改进措施，始终保持要求入党的积极分子队伍的较高素质，并将考察情况及时向党支部报告，以便使上级党组织了解掌握要求入党的积极分子的具体情况。

发展党员工作中对于预备党员的考察制度，除采取上述入党积极分子的做法之外，还要进行强化教育，教育他们自觉地按照党章规定的党员标准严格要求自己，克服入党后"松口气"的思想，每季度党小组做一次鉴定。预备期满时，提出能否转为正式党员的意见。

六、认真执行党员联系群众和服务群众制度

党员联系群众和服务群众制度是各级党组织，特别是基层党组织为了密切党群关系而建立的定期召开群众座谈会、个别访问听取群众意见，帮助群众解决实际困难等党员分工联系群众和服务群众的制度。通过党员与群众的广泛接触和交流，帮助群众解决实际问题，就能够及时了解和掌握群众中的思想状况，进一步密切党群关系，加强党和群众的联系，使党的路线、方针、政策及时传达到群众之中，凝聚群众力量，团结带领群众共同实现党提出的各项任务。

作为党支部联系群众的桥梁和纽带的党小组，也要充分发挥自身在联系群众和服务群众中的作用。党小组长要从本单位的实际出发，建立健全党员联系群众和服务群众的制度。对党员联系群，众和服务群众的内容、任务，联系的具体对象以及联系和服务的方式都要作出规定，落实到每个党员身上。要定期检查党员联系群众和服务群众的情况，指导监督党员做好群众工作，并及时向党支部汇报。目前，在健全党员联系群众和服务群众制度方面，农村党组织已经取得了成功的经验，值得我们各级党组织和党小组借鉴和推广。农村党组织的党员联系户制度，一个党员联系几户村民，结对帮扶困难群众共同脱贫

致富。这种制度的建立和实行，极大地改善了党在农村的工作，改善了党员和农民群众的关系，提高了党在农民群众中的威信，有效地发挥了党员的先锋模范作用和党组织的战斗堡垒作用。

七、认真执行工作目标管理制度

根据党支部年度工作目标，分解出党小组、党员的具体工作目标，制定出工作标准和考核、奖惩办法，形成一整套党小组目标管理责任制，保证党小组工作目标的实现。

党小组长工作目标的分解：一是按目标时限，把长期目标分解为中期、近期以至年、季、月等短期目标，确定实施目标的具体时间。二是按照组织系统，把目标自上而下分解到党小组、党员。三是按照岗位责任制，把目标分解成若干岗位目标，责任到人。这样，对每项工作任务、对每个人，既有时间要求，又有质量要求，党小组长和党员可以根据规定的目标各司其职、各负其责，保证党支部工作的如期完成。

党小组长工作目标的执行。目标确定后，党小组要进一步搞好调查研究，收集各种数据材料，提出并确定目标执行的方案。建立健全与党小组工作目标相关的各项制度，加强检查监督，保证目标管理的正常进行。

八、认真执行党内监督制度

党内监督是指党运用自身力量，依据党规党纪，对党的各级组织和全体党员进行的监督和制约。健全党内监督制度，做好党内监督工作，对于严格党员管理，严肃党的纪律，保持党的先进性，具有重要的意义。

党内监督的内容包括政治纪律的监督、组织纪律的监督、思想作风方面的监督、工作情况监督，等等。

党内监督的形式主要有党组织的监督、党员群众的监督、纪检部门的监督和舆论监督，等等。党内监督的重点是党员干部。

加强党组织监督和党员群众监督的有效措施是在党小组中建立健全党内监督制度。按照十九大党章的规定，将党支部内的每一个党员，包括支部书记、支部委员和党的组织关系在本支部的党员领导干部，全部分别编入党小组，这样就可以使党员干部，特别是党员领导干部经常处于党组织和党员群众的监督之中。在健全党内监督制度的过程中，党小组长还应注意抓好以下几个方面的制度建设：一是监督权利制度。要把十九大党章赋予党员的监督权具体分解为了解查询权、保护控告权等，并明确规定这些党员的监督权利神圣不可侵犯。二是监督责任制度。要以责任制的形式明确党小组在党内监督中的职责和任务，形成职责明确、任务具体的党小组监督责任体系，增强监督的主动性。三是奖惩制度。对于勇于揭发各种不正之风和违法违纪行为有贡献的同志，给予表扬，对于压制民主、抵制批评、打击报复的行为，要追究责任、严肃处理。此外，在条件允许的情况下，党小组内也可以建立健全领导干部报告工作制度，以及完善干部在涉及自身问题时应采取的回避制度等。通过建立这些监督制度，加强党风廉政建设。

九、扎实开展"两学一做"学习教育常态化制度化

扎实开展"两学一做"学习教育是 2016 年全党组织工作的四项重点任务之一，是继党的群众路线教育实践活动、"三严三实"专题教育之后，深化党内教育的又一次重要实践，也是推动党内教育从"关键少数"向广大党员拓展、从集中性教育向经常性教育延伸的重要举措。党中央提出，在两学一做学习教育过程中，要以党支部为基本单位，以"三会一课"等党的组织生活为基本形式，以落实党员教育管理制度为基本依托，注意抓在平常、融入经常。因此，"三会一课"是"两学一做"的重要抓手，有助于"两学一做"学习教育的深入开展。

中共中央政治局 2017 年 2 月 21 日召开会议，审议《关于推进

"两学一做"学习教育常态化制度化的意见》。会议指出，开展"两学一做"学习教育，是坚持思想建党、组织建党、制度治党紧密结合的有力抓手，是不断加强党的思想政治建设的有效途径，为新形势下落实全面从严治党要求积累了成功经验。推进"两学一做"学习教育常态化制度化，对用习近平新时代中国特色社会主义思想武装全党，确保全党更加紧密地团结在以习近平同志为核心的党中央周围，不断开创中国特色社会主义事业新局面，具有重大而深远的意义。各级党组织要把推进"两学一做"学习教育常态化制度化作为全面从严治党的战略性、基础性工程，履行主体责任，抓常抓细抓长。要把思想教育作为第一位的任务，教育引导广大党员特别是各级领导干部不断改造自己，提高思想政治觉悟。要突出分类指导，联系思想工作实际经常查找和解决问题。领导机关领导干部要带头学、带头做，党委（党组）中心组学习要把"两学一做"作为主要内容，各级党员领导干部要当好表率。要发挥党支部教育管理党员的主体作用，把"两学一做"纳入"三会一课"等基本制度，融入日常，抓在经常。每年要对开展"两学一做"学习教育情况进行评估总结，一级抓一级，层层抓落实。

链接

中共中央办公厅印发
《关于在全社会开展党史、新中国史、改革开放史、
社会主义发展史宣传教育的通知》

近日，中共中央办公厅印发《关于在全社会开展党史、新中国史、改革开放史、社会主义发展史宣传教育的通知》，对在中国共产党成立 100 周年之际开展"四史"宣传教育作

出安排部署。

《通知》强调，要高举中国特色社会主义伟大旗帜，以马克思列宁主义、毛泽东思想、邓小平理论、"三个代表"重要思想、科学发展观、习近平新时代中国特色社会主义思想为指导，深入贯彻落实党的十九大和十九届二中、三中、四中、五中全会精神，增强"四个意识"、坚定"四个自信"、做到"两个维护"，围绕庆祝中国共产党成立 100 周年，在全社会广泛开展党史、新中国史、改革开放史、社会主义发展史宣传教育，普及党史知识，推动党史学习教育深入群众、深入基层、深入人心，引导广大人民群众深刻认识中国共产党为国家和民族作出的伟大贡献，深刻感悟中国共产党始终不渝为人民的初心宗旨，学习中国共产党推进马克思主义中国化形成的重大理论成果，传承中国共产党在长期奋斗中铸就的伟大精神，坚定不移听党话、跟党走，在全面建设社会主义现代化国家伟大实践中建功立业。

《通知》明确，要以学习宣传贯彻习近平新时代中国特色社会主义思想为主线，准确把握这一重要思想的理论逻辑、历史逻辑、实践逻辑，深入领会这一重要思想的历史地位和重大意义，不断增进政治认同、思想认同、理论认同、情感认同。深入学习领会习近平总书记关于党史、新中国史、改革开放史、社会主义发展史的重要论述，特别是在党史学习教育动员大会、庆祝中国共产党成立 100 周年大会上的重要讲话精神，及时跟进学、前后贯通学、联系实际学。要把握"四史"宣传教育内涵，注重内容上融会贯通、逻辑上环环相扣，引导广大人民群众特别是青少年弄清楚中国共产党为什么能、马克思主义为什么行、中国特色社会主义为什么好等基本道理，加深对党的历史的理解和把握，加深对党的理论的理解和认识。

《通知》指出，要组织好各项宣传教育活动。一是开展读书学史活动。开展"书映百年伟业"好书荐读活动，举办"红色经典·献礼百年"阅读活动，组织"强素质·作表率"读书活动，开展党建文献专题阅读学习活动。二是组织基层宣讲活动。广泛开展百姓宣讲，深入基层开展巡回宣讲，用小故事讲透大道理。举办形势报告会、"四史"专题宣讲等，邀请领导干部带头作报告。三是开展学习体验活动。深入挖掘红色文化内涵，精心设计推出一批精品展览、红色旅游精品线路、学习体验线路。组织有庄严感和教育意义的仪式活动，开展文化科技卫生"三下乡"等社会实践活动。四是开展致敬革命先烈活动。结合烈士纪念日等重要纪念日及其他传统节日，组织开展祭扫烈士墓、敬献花篮、宣读祭文、瞻仰遗物等活动。开展"为烈士寻亲"专项行动，组织"心中的旗帜"等红色讲解员大赛，弘扬英雄精神。五是开展学习先进模范活动。集中宣传发布"3 个 100 杰出人物"，开展党和国家功勋荣誉获得者、时代楷模等先进模范学习宣传活动。深入走访慰问老战士、老同志、老支前模范、烈士遗属等，帮助解决实际困难。六是开展红色家风传承活动。发挥文明家庭、五好家庭、最美家庭的示范带动作用，通过巡讲、主题展、快闪、家庭故事汇等方式讲述感人家风故事。七是开展全民国防教育活动。组织开展"迈向强国新征程·军民共筑强军梦"巡讲，组织军营开放活动，抓好高校和高中学生军训，依托国防教育基地进行红色研学，强化全民国防观念。八是组织群众性文化活动。组织美术展、优秀影视剧展播、优秀网络文艺作品展示等活动，开展知识竞赛、演讲比赛等活动。创新实施文化惠民工程，开展"唱支山歌给党听"群众歌咏、广场舞展演、"村晚"等活动。

《通知》强调，各地区各部门要始终把握正确导向，树立正确历史观，准确把握党史、新中国史、改革开放史、社会主义发展史的主题主线、主流本质，旗帜鲜明反对历史虚无主义。要突出青少年群体，把握青少年群体的特点和习惯，组织好青少年学习教育，厚植爱党爱国爱社会主义的情感，让红色基因、革命薪火代代传承。要丰富活动载体，发挥爱国主义教育基地作用，着力打造精品陈列，精心设计活动内容和载体，增强教育感染力。要用好网络平台，发挥融媒体优势，制作播出一批接地气、易传播、群众爱听爱看的网络文化产品和文艺作品。要加强统筹协调，把"四史"宣传教育同党史学习教育、"永远跟党走"群众性主题宣传教育活动等有机结合起来，相互促进、相得益彰。严格执行中央八项规定及其实施细则精神，坚决克服形式主义、官僚主义。加强安全管理，做好新冠肺炎疫情防控工作，确保宣传教育各项工作安全有序。

（来源：新华社 发布时间：2021 年 5 月 26 日）

十、建立和执行党小组各项制度应注意的问题

（1）制度要体现先进性。中国共产党是中国工人阶级的先锋队，同时是中国人民和中华民族的先锋队，是中国特色社会主义事业的领导核心，代表中国先进生产力的发展要求，代表中国先进文化的前进方向，代表中国最广大人民的根本利益。党员是人民群众中最先进最有觉悟的一部分。党小组订立的各项制度，要充分体现党的这一性质，对党员的要求必须比其他群众组织对本组织成员的要求更高更严格些。

（2）制度要注意可行性。一方面，制定的制度要适用于本小组，使其具有本小组所在单位的特点，不能照搬照抄其他行业和单位的内容。如农村党小组要建立党员带领群众致富制度，服务行业则要

突出党员带头优质服务的内容，机关要把党员保持廉洁问题提到一定的地位，等等。就是同一行业的党小组，也会因为种种原因而有自己的特点，因此，党小组在建立各项制度时，要充分考虑本小组的特殊性。另一方面，党小组订立制度要做到既细致严密，清楚具体，又不脱离实际和要求过苛或过于烦琐。只有这样，才能使党小组建立的制度切实可行。

（3）制定制度要充分发扬民主。这是因为：①制度是为规范党员的行为而建立的，它不同于党内的一般号召，一般要求。制度一经建立，党小组全体党员必须认真执行，即使有不同意见也只能保留，在行动上不得有反对的表现。因此，需要党员充分了解制度的内容和要求。②在制度建立过程中，只有党小组成员集思广益、群策群力，才能使建立的制度更为客观、严密、完善。③制度建设是党的建设的一件大事，根据党的民主集中制的根本组织原则，党小组订立制度，也不能由小组长独自冥思苦想，制定出来以后就公布实施，而要经党小组会议认真讨论。

（4）要加强党员遵守制度的教育，增强党员遵守制度的自觉性。党的制度是具有约束性、规范性的，一经制定，党员就必须遵守。但是，党的制度又是建立在自觉自愿基础上的，只有大多数党员都能自觉地维护制度的严肃性，制度才能充分发挥作用。因此，党小组长要经常对党员进行遵守制度的教育，不断提高党员遵守制度的自觉性。

（5）要经常对制度执行情况进行监督、检查、修订和完善。平时注意积累党员执行制度情况的资料，对不执行或执行制度不好的党员进行批评教育。每一季度或半年系统地检查、总结一次党小组各项制度的执行情况，发扬成绩，表彰先进，改进工作，使小组的各项制度不断健全、完善。

第十一节　适时总结本小组的工作

适时总结本小组的工作。虽然党小组不是一级党的组织，不要求党小组长和支部委员会一样，定期向党员大会报告工作。但是党小组的工作在一段时间内（半年或一年）进行总结是非常必要的。在总结时，可由党小组长向党员汇报这段时间本小组的工作情况，有什么经验和教训，以及对今后工作有什么建议等等，让党员了解并充分发表意见。这不仅可以增加小组工作的透明度，使党员了解党小组的工作，以便实行有效的党内监督，同时也能调动党员的积极性，同心协力地搞好党小组的工作。

第四章

党小组长工作实务

第一节　发展党员工作

一、发展对象的政治审查和集中培训

1. 必须把政治标准放在首位

党章第一章"党员"第五条增写发展党员"必须把政治标准放在首位"要求，这是党作为最高政治领导力量，为从源头上确保党员政治合格，维护党员队伍先进性、纯洁性采取的有力举措。

政治坚定历来是我们党对党员的第一位要求。政治属性是政党第一位的属性，旗帜鲜明讲政治是马克思主义政党的根本要求。党员是党组织的"细胞"，只有全体党员都把讲政治放在首位，发挥好先锋模范作用，党才能团结统一、坚强有力。100 年来，我们党始终坚持把政治坚定作为考察发展党员的重要条件。1929 年毛泽东要求积极分子入党应具备五项基本条件中，第一项就是"政治观念没有错误的"。七大党章在党员章节中指出，"候补党员候补期的作用，是使候补人接受初步的党的教育，并在工作中保证党的组织考察候补人的政治品质。"此后，历次党章修改都把信念坚定、对党忠诚、为民服务、严守纪律等政治品格作为重要的入党条件。

2. 发展对象入党前要进行政治审查

（1）对发展对象进行政治审查的意义。对发展对象进行政治审查是发展党员必须履行的手续之一，是保证新党员质量的重要一环。我们党是政治组织，对发展对象进行政治审查的目的，是使党组织对入党申请人有一个全面的了解，便于党组织掌握他们的政治历史和政治表现，知道他们的政治立场和对重大原则问题的态度，避免敌对分子、阶级异己分子、腐败分子和其他不具备党员条件的人混入党内来。因此，任何忽视对发展对象的政治审查，或草率对待政治审查工作的做法，都是对党的建设不负责任的表现。

（2）政治审查的内容：①发展对象的政治历史情况；②对党的路线、方针、政策的态度；③在重大政治斗争中的表现；④直系亲属和与本人关系密切的主要社会关系的政治情况。政治审查要形成综合性的政审材料。

（3）政治审查的方法：①同发展对象谈话；②查阅发展对象的档案；③函调；④派人外调。

（4）政审人员。政审人员应由党性较强、作风正派的正式党员担任。对其在政审中的要求是：①全面了解情况，不带框框，不偏听偏信；②保守机密，不随意外泄政审情况；③如实向党组织汇报调查情况；④不随意扩大审查范围。

3. 正确对待直系亲属被处理的申请入党问题

党组织在处理这类问题时，应当按照党的有成分论、不唯成分论，重在政治表现的政策，具体分析，区别对待。既不要不加分析，不看表现，一概以本人家庭有问题为由拒绝吸收其入党；也不要未经认真地考察了解，轻率地把他们吸收到党内来。对这些同志，如果经过较长时期的考验，一贯表现好，同其被镇压、被判刑的直系亲属在政治上和思想上划清了界限，又确实具备了党员条件，经党组织的严格审查，认为合格者，可以吸收入党。

4. 发展对象入党前必须进行短期集中培训

中央规定，对准备发展入党的积极分子，没经过培训的，除特殊情况外，不能发展入党。这是为了贯彻全面从严治党的精神，认真落实"控制总量、优化结构、提高质量、发挥作用"的方针，严把"入口"关，确保发展的新党员质量。

加强党的建设，一方面，要将那些真正具有共产主义信念，拥护党的纲领，忠实履行党员义务，在生产、工作等方面作出突出成绩的优秀分子吸收到党内来；另一方面，又要防止异己分子和不合格分子混入党的队伍。

党组织对发展对象入党前集中培训，既是对他们的入党动机、思想觉悟和工作表现进一步考察，也为发展对象提供了一次系统地学习提高的机会。在集中培训中，不仅要使发展对象懂得我们党是一个什么样的党，而且要使他们知道共产党员是一个什么样的人，以及怎样努力成为这样的人，从而，使发展对象真正确立为共产主义事业奋斗终身的信念。

培训工作一般由基层党委组织进行，时间一般为5—7天。主要学习《中国共产党章程》《关于新形势下党内政治生活的若干准则》和中央组织部编写的《入党教材》。因客观原因不能参加集中培训的，要安排他们学习指定的文件，并搞好辅导。没有经过培训的，除个别特殊情况外，不能发展入党。

二、入党申请和转正申请

1. 入党申请书的写法

根据党章规定，要求入党的同志必须亲自向党组织提出申请。申请可分为口头申请和书面申请两种形式。一般来说，申请入党的同志应写书面申请。

入党申请书的基本书写格式和内容：

（1）标题。一般写"入党申请书"。

（2）称谓。即申请人对党组织的称呼，一般写"敬爱的党支部"。顶格写在标题下的第一行，后面加冒号，表示有话要说。

（3）正文。主要包括：①对党的认识、入党动机和对待入党的态度。写这部分时应表明自己的入党愿望。②个人在政治、思想、工作、作风等方面的主要表现情况。③今后努力方向以及如何以实际行动争取早日加入党组织。上述内容是入党申请书的主要部分。另外，为了能尽快地得到党组织对自己的全面了解，申请人可另外写一个材料，将个人履历、家庭主要成员、主要社会关系的情况写清楚。如果自己有政治历史问题，或曾犯过什么错误，受过什么处分，或曾受过哪些奖励和表扬，获得哪些光荣称号，都要如实写明；如果自己家庭成员和主要社会关系中，有人政治情况比较复杂，或者受过刑事或其他重大处分，也应实事求是地写出。

（4）结尾。申请书的结尾，一般都用"请党组织在实践中考验我"，或是"请党组织看我的实际行动"作为正文的结束。正文写完之后，加"此致、敬礼"等用语结束全文。

申请书的最后，要署名和注明日期。一般写"申请人×××"，下面写上"×年×月×日"。

写申请书应注意的几个问题：

（1）要认真学习党章，掌握基本精神，加深对党的性质、任务，党员的权利、义务等基本知识的理解。

（2）要联系自己的思想实际谈对党的认识和入党动机，反映自己的真实思想。

（3）对党要忠诚老实，如实向党组织反映情况。

（4）申请书要写的朴实、庄重，不要追求华丽的辞藻。

2. 申请入党者思想汇报的写法

要求入党的同志为了使党组织更好地了解自己，接受党组织的教育和监督，要积极主动地向党组织汇报自己的思想、工作和学习情况，自觉地培养自己的组织观念，提高思想觉悟。一般情况下，每半年至少应口头或书面汇报一次。

向党组织写思想汇报，顾名思义，主要是写自己的思想情况，当然也要涉及工作和学习，具体内容根据每个人的不同情况而定。如果对党的路线、方针、政策或一个时期的中心任务有什么看法，可以在汇报中阐明自己的态度，写清楚自己的认识或自己还存有什么疑虑、理解不清的问题等；如果参加了重要活动或学习重要文章，可以把自己所受的教育、体会和认识写给党组织；如遇到了个人利益和国家利益、集体利益发生矛盾时，可以把自己有哪些想法，如何对待和处理的情况向党组织汇报。如果为了使党组织对自己最近的思想情况有所了解，那就要把自己的思想状况，有了哪些进步，存在什么问题以及今后如何提高等写清楚。在汇报的最后部分，可写上自己对党组织的请求和希望，如希望党组织加强对自己的培养教育，或请组织上派人找自己谈谈心，提出自己的努力方向，等等。

向党组织写思想汇报，最重要的是真实，切忌空话、套话连篇的表面文章。值得注意的是：一方面，要求入党的同志要积极主动地向党组织汇报思想；另一方面，党组织要通过多种形式对有入党要求的同志进行培养和考察，全面分析一个同志的情况，不能简单地用汇报次数的多少来衡量他是否积极靠近党组织。

3. 《入党志愿书》的填写方法

申请入党的同志，在党组织准备吸收其入党时要填写《中国共产党入党志愿书》（简称《入党志愿书》）。

《入党志愿书》是一个同志加入中国共产党的主要依据，也是党组织对发展对象进行审查的主要依据。申请入党的同志通过填写《入党志愿书》向党组织表达自己的心愿和为实现共产主义而奋斗终身的决心。同时，党组织也要根据《入党志愿书》的项目，对发展对象进行审查。《入党志愿书》记载了一个党员入党的严格手续和党组织的严密性。所以，要求入党的同志，必须严肃认真地填写《入党志愿书》。

在填写《入党志愿书》前，党支部负责人应对入党申请人进行忠诚老实教育，将《入党志愿书》的各个项目及其包括的内容向其解释清楚，并由入党介绍人进行具体指导。入党申请人要依照《入党志愿书》的项目用钢笔或毛笔逐一填写，内容要真实，字迹要清楚。如个别入党申请人不能写字，可由党支部指定党员按照本人口述的内容填写，最后由入党申请人签名盖章。一般要求如下：

（1）"姓名"中的"曾用名"应按使用顺序填写。

（2）"出生年月"应填写公历时间。

（3）"贴照片处"要贴本人近期免冠一寸照片。

（4）"籍贯"是指本人祖居的地方，按现在的行政区划详细填写。如祖居与出生地址不一致时，一般按其父亲的籍贯填写。

（5）"家庭出身"是指本人取得独立经济地位或参加革命工作时的家庭阶级成分。阶级成分应按土改或土改复查和民主改革时期定的为准。经组织审查，家庭出身做了改变结论的，应按改变后的情况填写。干部、军人、职工的子女，凡是随其父母长大的，他们的家庭出身应按其父母的革命职业来定，如干部、军人等。地主、富农出身的农民子女，他们的家庭出身则为农民。

无论劳动人民家庭出身还是剥削阶级出身的干部、军人、职工的子女，凡是由祖辈或亲戚朋友的经济收入抚养大的，他们的家庭出身应按祖辈或亲戚朋友的阶级成分来定。

（6）"本人成分"是指一个人参加革命工作之前的社会职业。如参加革命工作前本人社会职业变动较多者，一般应以紧靠参加革命工作的情况填写。

（7）"文化程度"是指现有文化程度。应按现有文化程度或技术专业水平填写。按学历填写的要写明毕业或肄业，如"小学毕业""中专毕业""大专毕业""大学毕业"或"高中肄业""大学肄业"等；按现有文化程度或技术专业水平填写的，应加上"相当"二字。填写"相当"的文化程度或专业技术水平，应经过严格的考核，由组织认可，个人不得随意填写。

（8）"现任职务"是指一个人实际担任的职务。这些职务，有的是上级党政机关任命的，如科长、处长、厅长等；有的是经过民主选举，上级领导机关批准的，如乡长、县长、厂长等。有的虽然没有正式任命或下达批准书，但实际上经过领导机关同意，担任一定的负责工作，如××负责人，代××职等。没有领导职务的干部、工人等只填个人职业。没有领导职务的专业科技人员，可以填写专业技术职务。

（9）"入党志愿"。填写这一项时，首先要将自己对党的认识写清楚。对党的认识主要包括对党的性质、指导思想、纲领、路线的认识和理解。还要填写为什么要加入中国共产党，准备怎样做一个合格的党员等内容。在填写时要联系自己的思想认识实际，不要单纯照抄党章或其他材料。

（10）"本人经历"包括个人的学习经历、参加劳动和工作的经历。本人经历一般应从7周岁或上小学一年级开始算起，根据本人不同时期所从事的职业，分段填写。如×年×月至×年×月在哪个学校上学，在某村某队劳动，在某个单位参军、工作等，前后时间要互相衔接。同时，要填上所任职务和对你这段经历最熟悉的证明人。

（11）"奖励或处分"。受过什么样的奖励才可填入"奖励"一项，没有特别的规定。一般是经过一个单位或上级领导机关批准表彰和奖励的，均可填入。为了说明表彰、奖励的规模和级别，填表时应该把何时何地因何原因受过何种奖励等情况写清楚。处分是指有批准权限的领导机关，根据一个人所犯错误的事实和性质，按照党纪、团纪、政纪和国法所做的组织处理或刑事判决。受批评教育的，不算处分。

（12）"家庭主要成员的职业和政治情况"。其中"家庭成员"是指和自己有血缘关系或婚姻关系的直系亲属。如父母、爱人和子女，以及和本人长期在一起生活的曾受其抚养或本人供养的其他亲属，如本人的祖父母、未成年或已成年仍在一起居住生活的兄弟姐妹等。"职业和政治情况"是指上述成员现在何地何部门做何工作或担任什么职务，参加了什么党派或群众团体，有无重大政治和历史问题。

（13）"主要社会关系的职业和政治情况"。其中"主要社会关系"是指本人的旁系亲属（配偶的父母、分居的兄弟姐妹、伯叔姑姨舅、甥侄等）和与本人关系较密切或本人受其影响较大的亲友、同学等。"职业和政治情况"与前填法相同。

（14）"对党还有哪些需要说明的问题"。这一项没有特别要求，凡是申请入党者认为表格中各项没有包括进去或没有完全表达清楚的问题，又需要向党组织说明的，都可以填写。

（15）"入党介绍人的意见"。入党介绍人必须以严肃认真和向党负责的态度，把被介绍人的思想、品质和经历、表现等方面的主要情况，以及其是否已经具备了做一名党员条件的意见，综合地写在这一栏中，以便组织进行审查。两个介绍人在填写意见时，必须各写各人的意见，第二介绍人不能只写"同上"或"同意第一介绍人的意见"。填写意见后，要签名盖章，注明日期。

（16）"支部大会通过接受申请人为预备党员的决议"。支部党员大会的决议主要内容有两个方面：一是说明申请入党者的基本情况和支部大会对他的基本评价。二是记载支部党员大会表决的情况：支部党员数、到会党员数和其中有表决权的人数，表决时同意、不同意和弃权的人数以及表决结果。最后还要写上支部名称，通过决议的年月日，并由支部书记签名盖章。

（17）"总支部审查（审批）意见"。多数总支没有审批发展党员的权力，但支部党员大会决议要经过总支审查后才能报党委审批；经县团级以上党委授权发展党员的总支，则可直接审批。没有总支的，支部将《入党志愿书》等材料直接报党委审批，总支一栏可空。

（18）"党委审批意见"。党委审批新党员是一项十分严肃的政治工作，必须召开党委会集体讨论决定，不能由个人或少数人代替党委审批。填写审批意见时，应当写清批准或未批准的理由，写清党委表决的情况。如批准为预备党员，则应注明预备期从×年×月×日算起。

（19）"备考"。这一栏由党组织填写，主要填写表中其他项目中没有包括而又应该说明的问题。

此外，要注意在入党志愿书第一页右上角的框格里贴上入党申请人的近期免冠一寸照片。

4. 转正申请的写法

转正申请，是预备党员在预备期满时向党组织提出转为正式党员的书面材料。标题一般为"转正申请"或"转正申请报告"。

转正申请，一般包括下列内容：

（1）写明自己是什么时间被批准为预备党员的，到什么时间预备期满。延长预备期的党员，要写明什么时间被延长的，到什么时间延长期满，并正式向党组织表示请求转为正式党员。

（2）汇报自己在预备期间的表现，这是转正申请最重要的部分，需尽可能写得详细、具体。首先，从总的方面写自己入党后，在党组织的教育下，在提高思想觉悟，增强党性锻炼，解决从思想上入党方面有哪些收获。其次，写明自己是如何在预备期间以党员标准要求自己的，在政治、思想、工作、学习以及群众关系上有哪些进步，取得哪些成绩。再次，对自己入党时存在的缺点，现在克服改正得如何，还存在哪些缺点也要写出来。

（3）写明今后努力方向。应针对自己的缺点和不足来写，措施要具体可行。

（4）如果还有什么情况和问题，在入党时没有向组织上讲明的，或是在预备期间发生了什么应该向组织上说明的问题，也应写清楚。

写转正申请是一件很严肃的事情。为了正确认识自己和使组织全面了解自己，写转正申请之前，要主动征求党内外群众的意见，特别是入党介绍人的意见，求得他们的认真帮助。对自己要作实事求是的分析和估价，对存在的缺点和新出现的问题，更要如实反映。

转正申请，一般应在预备期满之前主动交给党支部。

三、预备党员的预备期

对新入党的党员规定预备期，主要是为了在党内直接考察他们能否认真履行党员义务，是否真正具备党员条件。这是保证党员质量的一项重要措施。对于新入党的同志来说，也是一种考验，可以促进他们更加严格地要求自己，为做一个名副其实的共产党员，打下良好的基础。

按照十九大修订的党章规定，预备党员的预备期，从支部大会通过他为预备党员之日算起。

在一般情况下，预备党员不宜提前转正。这是因为，在预备期间，党组织要对预备党员作进一步的考察，预备党员要在党内生活中经受锻炼，争取按期转正。这就需要有一个过程和一定的时间。十九大党章规定预备党员的预备期为一年。经验证明，这是一个比较适当的时间，过短了不行，过长了也不好。否则，难以起到预备期的作用。

四、入党宣誓

1. 预备党员举行入党宣誓的意义及一般程序

举行入党宣誓，是对预备党员进行党的教育的一种形式。它可以表示入党的庄重性、严肃性，使入党的同志终生牢记自己的誓言，并努力付诸实践。

入党宣誓仪式的程序是：唱《国际歌》；致开会词；预备党员面向党旗宣誓；党组织负责同志讲话；预备党员向党表决心。有条件者，可请老党员出席讲话。

2. 预备党员进行入党宣誓的时间及范围的规定

预备党员进行入党宣誓，应在支部大会通过和上级党组织批准以后才能举行。因为支部大会通过接收党员的决议，必须经过上级党组织批准才能生效。预备党员进行入党宣誓是一件庄严的事情，对入党者本人及其他党员、群众都有教育意义。所以宣誓仪式可以根据各单位的实际情况，选择适当时机和范围举行，并可吸收入党积极分子参加，不要拖延时间太久。宣誓仪式不宜在党小组会上举行。

入党宣誓要有领誓人，一般由党组织的负责人或组织部门的负责人担任。

3. 入党宣誓的誓词

我志愿加入中国共产党，拥护党的纲领，遵守党的章程，履行党员义务，执行党的决定，严守党的纪律，保守党的秘密，对党忠诚，积极工作，为共产主义奋斗终生，随时准备为党和人民牺牲一切，永不叛党。

第二节　党员管理工作

一、党籍与党龄

1. 党员的党籍与党龄

党籍，指党员的资格，它是党员履行入党手续以后，从组织上得到承认的一个依据。一个同志被批准入党，取得预备党员的资格，就有了党籍。

党龄是指成为中国共产党正式党员的年龄，是党员从预备党员转为正式党员的年数。一个共产党员的党龄，是表示其在党内生活和工作的实际经历。由于预备党员在预备期内，没有表决权、选举权和被选举权，因而其在党内的生活和工作就不能不受到一定的限制，只有当预备党员转为正式党员之后，其在党内的生活和工作，才不受这些限制。因此，党员的党龄，应从预备期满转为正式党员之日算起，而不是从取得预备党员资格之日算起。

2. 党龄的计算方法

党员的党龄应从预备期满转为正式党员之日算起。只有正式党员才计算党龄，预备党员虽有党籍，但不计算党龄。

在我们党的历史上，有些时期有预备期，有些时期则没有预备期；有些时期入党时间从党员大会通过之日算起，有些时期入党时间则从党委批准之日算起，情况不尽相同。

3. 几种特殊情况党员的党龄计算方法

（1）受留党察看处分的党员，恢复党员权利以后，其党龄连续计算。

（2）错被开除党籍后恢复党籍的党员，党龄应连续计算。

（3）自行脱党、劝退出党、要求退党的人可以重新入党，其党龄从重新入党后转为正式党员之日算起，以前一段的党龄，不能计算在内。

（4）被延长预备期的党员，其党龄从延长预备期满后被批准为正式党员之日算起。

（5）由于各种原因失掉一段时间党籍的同志的党龄的计算，应根据不同情况处理：①凡经党组织决定恢复这段时间党籍的，其党龄从原被批准为正式党员之日算起。②被批准重新入党，有预备期的，其党龄从预备期满转为正式党员之日算起。③按有关文件规定重新入党，没有预备期的，其党龄应从上级党委决定重新入党之日算起，前一段党龄不能连续计算。

4. 对自行脱党党员的党籍处理

（1）对自行脱党党员的认定。自行脱党，即党员没有正当理由而自行脱离党组织。对如何认定自行脱党，我们党历次全国代表大会所通过的党章规定的条件也不尽相同。十九大党章规定："党员如果没有正当理由，连续6个月不参加党的组织生活，或不交纳党费，或不做党所分配的工作，就被认为是自行脱党。"这就是说，党员如果没有正当理由，连续 6 个月具有上述三种情况中的任何一种，都应作自行脱党论处。这是我党现行的认定党员自行脱党的依据。

在处理自行脱党问题时，要正确掌握是否"没有正当理由"和是否"连续 6 个月"这两个条件，不要把因有某些客观原因连续 6 个月没有参加党的组织生活，或没有交纳党费，或没有做党所分配工作的党员，一律算作自行脱党。同时，党支部在工作中要经常注意，发现党员有上述情况，应及时进行批评教育，帮助其改正错误，不要等 6 个月以后才去过问或处理。

（2）处理党员自行脱党问题的手续。党支部委员会对认为需要作自行脱党处理的党员，在提交党支部大会讨论之前，要认真调查研究，查清其原因，并可经该党员所在的党小组酝酿讨论，提出意见。然后，如实向支部大会报告。支部大会讨论时，应当通知本人参加并允许申辩。如本人长期外出不能出席，或通知本人后拒绝参加，支部大会也可以讨论决定。支部大会经过讨论，如认定确属自行脱党，应当决定予以除名，并将支部大会的决议报上级党组织批准。

对自行脱党的党员予以除名的时间，应从上级党组织批准之日算起。

（3）需向上级党组织报送的材料和除名决定的主要内容。在处理党员自行脱党问题时，一般应向上级党组织报送下列材料：①支部党员大会关于对自行脱党的党员除名的决定。②对党员自行脱党情况的调查报告及证明材料。③本人检查材料和对除名决定的意见。

对自行脱党党员的除名决定的主要内容：①被除名党员的基本情况，包括姓名、性别、年龄、籍贯、民族、文化程度、本人成分、入党和参加工作时间、主要工作经历、现所在单位及职务、奖惩情况等。②被除名党员的主要问题及党组织对其帮助教育情况。③本人对问题的认识和态度。④处理意见。

5. 对要求退党党员的党籍处理

（1）确认是否应作退党处理。共产党员如果向党组织提出退党的要求，党支部一般应按下述原则处理：

第一，党章明确规定："党员有退党的自由。"如果要求退党的党员是因为改变了自己的信仰，不再承认党的纲领和遵守党的章程，或厌恶参加党组织的活动，不愿再受党的纪律的约束，或丧失了革命意志，不愿再履行党员义务，对这样的党员，党支部应同意其退党。

第二，对那些违法乱纪，犯有严重错误的党员，因害怕党纪处分而提出退党的，不能采取同意退党的办法，而应严肃党的纪律，作出恰当的处理。如处分后仍坚持退党的（开除党籍者除外），应准其退党，另办退党手续。

第三，如果党员要求退党是由于对一时一地某些问题有不同意见，或党组织工作中有某些缺点，或对党组织中个别人不满，或本人遇到某些实际困难等引起，一时冲动提出退党要求，经教育随即悔悟，深刻认识错误，自愿改正，请求留在党内的，可以允许其继续留在党内。

（2）处理党员退党问题应履行的手续。党员要求退党，一般由本人写出书面申请，经支部大会讨论通过后，宣布除名，报上级党委备案，不必办理审批手续。但须将本人申请报告存入本人档案，并将支部意见在其入党志愿书备考栏注明。

对要求退党的党员予以除名的时间，应从支部党员大会讨论通过除名之日算起。

6. 对劝退出党党员的党籍处理

（1）劝退出党的对象。党章第九条规定："党员缺乏革命意志，不履行党员义务，不符合党员条件，党的支部应当对他进行教育，要求他限期改正；经教育仍无转变的，应当劝他退党。"在确定是否劝退某个党员出党时，党支部一定要采取严肃认真的态度。对其表现要进行全面的历史的分析，弄清楚原因，分析有没有转变的可能和是否确实符合党章规定的劝退条件，实事求是地作出决定，努力做到本人心服口服，不伤感情。党支部在作具体处理时，要注意把革命意志衰退、长期不起作用的党员，与政治水平低、工作能力差或因病不能坚持工作的党员区别开来；把党的观念薄弱，长期不参加党的活动，不做党的工作的党员，与过去一贯表现好，后因年老体弱而参加活动较少的老党员，或者因为家庭负担过重，一段时间难以积极参加党的活动的党员区别开来。

（2）劝退出党的手续。劝告党员退党，需要经过支部大会讨论决定，报上级党组织批准。在支部大会上，支部委员会要向全体党员报告劝某党员退党的理由，支部对本人教育的情况及本人的态度，经过讨论决定后，要形成书面材料，由被劝退党员本人签署意见。如果本人坚持不退，并诚心表示愿意改正的，支部大会可根据情况决定其限期改正，时限一般为一年。这一年中支部要制定具体的措施对其帮助教育。期满后，再由支部大会讨论，根据其表现，确定是否劝其退党。对那些既不愿退党，又没决心改正的党员，要在做好思想工作的基础上由支部大会讨论决定，报上级党委批准，宣布将其除名。不能再延长限期改正的期限。支部大会在讨论决定劝告某党员退党时，应通知被劝退的党员参加会议；表决时，应让本人在场，而且本人有表决权。如果被劝退的党员拒绝参加会议，支部大会有权在其拒绝到会的情况下，作出劝退的决定，并报上级党组织批准；如果本人拒绝签署意见，上报党委时，应对本人拒不签署意见的情况加以说明。

党员被劝告退党的算起时间为上级党组织批准之日。

（3）劝告党员退党的决定的主要内容和应向上级党组织报送的材料。劝告党员退党的决定，主要应包括下列内容：①被劝退党员的自然情况，包括姓名、性别、年龄、民族、籍贯、本人成分、文化程度、入党和参加工作时间、现在所在单位及职务、主要工作经历、奖罚情况等。②劝其退党的主要理由，组织上对其教育情况。③本人对问题的认识和态度。④劝其退党的意见。

劝告党员退党应向上级党组织报送的材料主要有：①支部党员大

会关于劝告某党员退党的决定。②被劝退党员的表现情况及证明材料。③本人对问题的认识和对被劝退出党的意见。④党支部对本人意见的说明。

7. 对自杀党员的党籍处理

在现实生活中，个别党员自杀的原因比较复杂。党组织对自杀党员党籍问题的处理，应根据实际情况，具体分析，区别对待，根据问题的性质，实事求是地作出结论，根据不同情况作出不同处理。凡属敌我矛盾性质问题，或严重触犯刑律的，因害怕或对抗组织的审查而畏罪自杀的，应开除党籍。凡属人民内部矛盾问题，因受到打击迫害、个人和家庭不幸遭遇、病痛的折磨等原因而自杀的，则不应开除党籍。做组织结论时，对受迫害被迫自杀的，可写明被迫害致死。对因其他原因自杀的，应按非正常死亡处理。

8. 对受刑事处罚党员的党籍处理

十九大党章规定："严重触犯刑律的党员必须开除党籍。"对受刑事处罚党员的党籍处理，应按《中国共产党纪律处分条例》的有关规定办理：

有下列情形之一的，一律开除党籍：（1）因危害国家安全被依法判处刑罚的。（2）因经济方面犯罪，被依法判处《刑法》规定的主刑的。（3）因其他故意犯罪，被依法判处有期徒刑、无期徒刑、死刑的，不包括被判处3年以下（含3年）有期徒刑并宣告缓刑的。（4）因过失犯罪，被依法判处3年以上（不含3年）有期徒刑的。（5）单处或者附加剥夺政治权利的。（6）畏罪逃往国外、境外、外国驻华使（领）馆的。

依法被劳动教养的，也一律开除党籍。

有下列情形之一的，应当保留党籍：在政治上、工作上一贯表现较好，认真检讨并有悔改表现，在群众中未造成恶劣影响的，可以不开除党籍，但须给予留党察看处分：（1）除危害国家安全和经济方面犯罪以外的故意犯罪，被判处 3 年以下（含 3 年）有期徒刑并宣告缓刑或者被判处管制、拘役，未附加剥夺政治权利的。（2）过失犯罪，被判处 3 年以下（含 3 年）有期徒刑或者其他较轻刑罚的。符合上述（1）、（2）两项的规定受到留党察看处分的党员，在服刑期间，停止参加党的组织生活，留党察看期限从刑满之日起计算。

9. 党员档案中没有入党志愿书的处理

党员的档案中没有入党志愿书，要区别情况，分别对待。新中国成立前入党的同志，因受当时环境条件限制，档案中没有入党志愿书，只要组织关系一直没有中断，就不需要再补填入党志愿书或补办手续。

新中国成立后入党的同志，如果档案中没有入党志愿书，须积极设法查找，并查清原因。可由所在单位党组织与发展这些同志入党的单位党组织以及他们工作过的单位党组织联系。党员本人应该积极配合，如实向党组织汇报自己入党的经过，主动提供有关线索。如果确实无法找到入党志愿书，必须由该党员入党时所在单位的党组织开具组织证明，填写党员登记表，存入本人档案，一般不要补填入党志愿书。如经调查，确系假党员，应按有关规定严肃处理。

10. 追认共产党员问题

追认共产党员，是接收党员的一种特殊形式，是指给那些为革命和建设事业英勇献身，事迹突出，生前曾向党组织提出入党要求，一贯表现好，符合共产党员条件，在一定范围内有影响、有教育意义的人办理入党手续。追认共产党员是一件十分严肃的事情，应该严格管理。追认共产党员须由所在单位支部党员大会讨论决定，上级党组织审查，经省一级党委批准。追认党员不需要预备期。

11. 党员可否佩戴标志

党员佩戴标志是近几年来一些地方为加强对党员的教育、管理和监督所进行的一种尝试。有些地方在特定的范围内，如班组、机台、门店、摊位、柜台、列车（公共汽车）车厢等工作岗位上，挂出标明党员身份的标志，使党员有一种责任感，自觉接受群众监督，有利于更好地发挥先锋模范作用。但要加强管理，注重实效，避免形式主义。

党员佩戴党徽是十分严肃的问题。党徽的设计、制作、发放、防伪、丢失补发等都要认真考虑，目前不宜推广，更不宜规定在全体党员中统一实行。

对于已经实行党员佩戴党徽的地方，要区别情况，积极引导。如果仅限于小范围的窗口行业中的党员佩戴党徽，可视为党员佩戴标志上岗，继续实行。同时，注意加强管理，总结经验。没有开展党员佩戴党徽活动的地方和单位，暂时不宜推广。对于自行设计、制作、出售各种党员徽章的行为，必须予以制止。

12. 党内不搞"荣誉党员"

一些地方的党组织对某些年老多病参加党的活动有困难的党员实行"荣誉党员"制度，这种做法是不可取的。中央组织部于1989年1月25日印发的《关于对年老党员不要采取退党和实行"荣誉党员"办法的通知》要求，根据年老党员的实际情况，加强并改进对年老党员的管理，应本着实事求是的原则，结合本地区、本单位的具体情况进行，制定年老党员的管理办法，切实做好年老党员的工作。要根据年老党员的健康状况，开展适合其特点的活动，适当分配力所能及的工作，并帮助他们解决存在的实际困难。在处置不合格党员工作中，应注意把因年老体弱、有实际困难、不能经常参加党的活动、无力完成党组织分配的工作，同革命意志衰退、长期消极落后、不起党员作用区别开来。为改进对年老党员的管理工作，制定管理办法不能同党章的有关规定相违背，不要把这方面的做法称为"荣誉党员"制度。

二、接转组织关系

1. 接转党员组织关系的有关规定

（1）组织关系介绍信的种类及其适用范围。党员组织介绍信是党员政治身份的证明，分为两种：一种是"中国共产党党员组织关系介绍信"。通常又叫作党员正式组织关系。党员因调动工作、升学、招工及其他原因，需从一个地区或单位调到另一个地区或单位时，经党组织批准，可为其开写"中国共产党党员组织关系介绍信"。另一种是"中国共产党党员证明信"，通常又叫作临时组织关系。党员临时外出工作、学习、休养、考察等，时间在 6 个月以内的，党组织一般为其开写"中国共产党党员证明信"，介绍其在所到单位党组织参加组织生活。持党员证明信的党员，其组织关系没有转移，仍在原单位交党费和享有选举权、被选举权。

（2）同一基层党委下属的非独立的党支部间的党员调动，不必转移组织关系。党员所到的党支部接到上级党组织的通知后，即可将其编入本支部参加组织生活。

（3）党小组与党支部不能直接对外单位转移党员组织关系。党员在转移组织关系时，应由其所在党支部开出证明，党员本人亲自到上级党委组织部门办理转移组织关系手续。党支部开出的证明，必须加盖支部印章或支部书记签名盖章。

2. 调出党员及时转移组织关系

党支部对调出本单位的党员，要教育其及时转移组织关系，妥善保管组织关系介绍信，在组织介绍信规定的有效期内，到所去单位的组织部门办理接转组织关系手续。对调入本单位的党员，党支部在接到上级党组织开来的组织关系介绍信后，应将其及时编入一个党小组。

党支部对于没有正当理由长期不转移组织关系，不按指定单位去报到的党员，应该给予严肃的批评教育，限期转移组织关系。对经过教育仍不转移组织关系或仍把组织关系介绍信留在自己手中，不交给转往单位党组织，不参加党的组织生活的，由原支部或所去单位党支部视其情节，有的要给予党纪处分，有的要按党章规定以自行脱党论处。

三、流动党员的管理

1. 流动党员管理的要求和原则

流动党员是指由于就业或居住地变化等原因，在较长时间内无法正常参加正式组织关系所在党组织活动的党员。

（1）加强和改进流动党员管理工作的总体要求：要坚持以马克思列宁主义、毛泽东思想、邓小平理论、"三个代表"重要思想、科学发展观、习近平新时代中国特色社会主义思想为指导，贯彻党要管党、全面从严治党的方针，从有利于党组织管理、有利于流动党员发挥作用出发，创新管理方式，落实管理责任，努力使流动党员都能接受党组织的教育和管理，始终保持先进性。

（2）加强和改进流动党员管理工作的主要原则。

①坚持以流入地党组织为主、流出地和流入地党组织共同管理。构建流出地与流入地党组织密切配合、有机衔接的流动党员管理机制。

②坚持区别情况、动态管理。根据流动党员的分布状况、职业特点和居住地点等情况，采取单位管理、行业管理和社区管理等多种方式，努力做到党员流动到哪里，党组织的管理就覆盖到哪里。

③坚持教育、管理与服务相结合。强化服务意识，寓教育、管理于服务之中，增强流动党员的党性观念、组织观念和光荣感、归属感与责任感。

2. 流动党员组织关系的转移

党员流动符合有关政策规定，党组织应及时为他们转移组织关系。其中外出时间较长（6个月以上）、地点比较固定的，应转移党员正式组织关系，即开写党员组织关系介绍信，转入所去地区、单位的党组织。外出时间较短（6个月以内）或外出时间较长但暂时无法转移组织关系的，使用《流动党员活动证》。短期外出（6个月以内）

参加会议、学习进修等，应开具党员证明信，交所去地区、单位的党组织。

流动党员转移组织关系的基本要求是：党员所去单位党组织健全的，应将党员组织关系转到其所去单位的党组织。党员所去单位党组织不健全的，应将党员组织关系转到其所去单位上级主管部门的党组织，或转到其所去单位所在地的街道、乡镇党组织。党员在流动中将人事关系和档案材料保存在县以上政府人事（劳动）部门所属的人才流动服务机构的，这些机构的党组织如具备管理条件并经同级地方党委同意，可以接收尚未落实工作单位或因某些原因暂时无法转移组织关系的党员的组织关系。

3. 流动党员活动证制度

根据中共中央办公厅 2006 年 6 月 28 日印发的《关于加强和改进流动党员管理工作的意见》（中办发〔2006〕21 号）的精神，对流动党员发放中组部统一制作的《中国共产党流动党员活动证》。

实行流动党员活动证制度，是加强流动党员管理的一项重要措施。加强对流动党员的教育管理，各地积极探索，创造了许多成功的经验。一些地方采用外出党员管理证、管理手册等办法，取得了较好的效果。但是，仅靠个别地方发放有关流动党员管理的证件，有一定的局限性。在全国范围内统一试行《流动党员活动证》制度，就是为了适应新形势下加强和改进流动党员管理的客观要求。试行这一制度，有利于促进党员的合理流动，有利于加强和改进对流动党员的教育管理，有利于更好地发挥流动党员的作用。

流动党员活动证制度的主要内容是：《流动党员活动证》由各省、自治区、直辖市党委组织部严格按照中央组织部制定的统一式样印制；《流动党员活动证》由流动党员原所在党组织按规定登记发放，作为流动党员参加党的组织生活和党的活动的凭证；党员可持《流动党员活动证》在外出所在地或单位的党组织（基层党委、党总支或党支部）参加党的组织生活，交纳党费，但不享有表决权、选举权和被选举权。

4. 流动党员活动证的制发

《流动党员活动证》由各省、自治区、直辖市党委组织部严格按照中央组织部制定的统一式样定点印制，并加强管理。其他任何单位和个人不得自行印制。印制所需经费，可从党费中开支，不得向党员个人收取工本费和发证手续费。

《流动党员活动证》由基层党委负责发放。发放时，要登记造册？详细登记持证外出党员的姓名、所在支部、发证时间、外出原因、外出地点、外出时间等情况，并报上级党组织备案。

《流动党员活动证》一般应贴本人近期免冠一寸照片，并由发证的基层党委在照片上加盖印章。特殊情况未贴照片的，应与本人的居民身份证同时使用。

5. 流动党员活动证的使用

《流动党员活动证》适用于短期外出（6个月以内）或长期外出但暂时无法转移组织关系的党员。下列情况不能使用《流动党员活动证》：

（1）短期（6个月以内）外出参加会议、学习进修、借调工作、办理公务、休假探亲的党员，仍开具党员证明信。

（2）长期（6个月以上）外出务工经商且有固定地点的党员，应转移正式组织关系。

（3）流动性较大，无固定地点，但可以经常返回原所在单位的党员，仍在原单位参加党的组织生活。

（4）集体外出、地点相对集中，且有3名以上党员的，可通过建立党支部（临时党支部）或党小组进行管理。

接收流动党员的党组织对持有《流动党员活动证》的外来党员，应于验证后及时接收并将其编入党支部、党小组，同时报上级党组织备案。对外来党员参加党的组织生活、交纳党费、外出地点变更等情况，应在《流动党员活动证》上如实填写，并由党支部负责人签名盖章。在"参加党的组织生活情况"一栏内，要简要地写明组织生活的内容及外来党员参加组织生活的情况；在"流动地点变更情况"一栏内，应注明党员同外出所在地党组织取得联系及离开的时间；"备注栏"用于说明其他栏目未尽事项，包括外来党员的先进事迹或犯有错误等情况。

流动党员原所在单位党组织在党员外出后，应通过适当方式与党员继续保持联系，了解党员外出后的思想、工作情况，及时向外出党员通报党组织的重要情况。党员返回后，要认真查验《流动党员活动证》记载的内容，听取党员汇报外出期间的工作和思想情况，详细了解他们外出期间的表现。通常情况下，党组织每年至少应查验一次外出党员所持的《流动党员活动证》，使用满 3 年的，应及时换发新证。党员外出期间，如无正当理由，不按规定将《流动党员活动证》交外出所在地或单位的党组织，且连续 6 个月不参加党的组织生活，或不交纳党费，或不做党所分配的工作的，应按自行脱党处理。党员私自填写《流动党员活动证》或弄虚作假的，一经发现，要严肃处理。

6. 对流动党员的基本要求

流动党员要认真履行党员义务，正确行使党员权利，在流入地参加党的日常组织生活，在正式组织关系所在党组织参加选举等重要活动，自觉接受流出地和流入地党组织的教育和管理，发挥先锋模范作用。

（1）外出前，应向所在党支部报告外出事由、时间、地点及联系方式，领取《流动党员活动证》。

（2）凭《流动党员活动证》及时到流入地党组织报到，积极参加党的组织生活，按规定交纳党费，完成党组织交给的任务。流动党员原则上应当按月交纳党费，因外出地点变动频繁等原因按月交纳确有困难的，可以按季交纳。

（3）主动与流出地党组织保持联系，每年至少向流出地党组织汇报一次外出期间思想、工作和参加党的组织生活情况。外出地点、就业单位、居住地和联系方式等发生变化时，应及时向流出地党组织和有关党组织报告。

（4）外出返回后，及时将《流动党员活动证》交给流出地党组织查验，如实向党组织汇报外出期间的情况。

7. 党员流出地党组织在流动党员管理工作中的主要责任

流出地党组织要了解掌握外出流动党员情况，加强与流入地党组织的联系，配合流入地党组织共同做好流动党员外出期间的教育管理工作。

（1）在党员外出前进行教育并提出要求，按规定登记并发放《流动党员活动证》。

（2）掌握外出党员的流动去向、外出时间、地点和联系方式等情况。

（3）了解党员外出后的思想、就业和生活等情况，及时向外出流动党员通报党组织的重要情况，通知外出流动党员按规定参加党内选举等重要活动。

（4）外出流动党员返回后，认真查验《流动党员活动证》等有关材料，及时了解党员外出期间的表现和参加党的组织生活情况。

（5）了解预备党员外出期间的表现，按规定做好预备党员转正工作。

8. 党员流入地党组织在流动党员管理工作中的主要责任

流入地党组织对流动党员管理负有主要责任，要加强与流出地党组织的联系，把流动党员纳入本地党员教育管理的整体工作中。

（1）认真查验《流动党员活动证》，做好外来流动党员身份确认工作。

（2）加强对外来流动党员的经常性教育和管理，将外来流动党员编入党的一个基层组织，组织他们参加党的组织生活。

（3）关心外来流动党员，对他们的就业、学习和生活提供必要帮助。

（4）在《流动党员活动证》上如实填写党员参加组织生活、交纳党费等情况，及时将外来流动党员的重要情况反馈给流出地党组织。

（5）做好外来流动人员中预备党员的教育和管理工作。

9. 改进流动党员管理方法

（1）完善流动党员组织关系管理。流动党员一般应当持《流动党员活动证》。简化《流动党员活动证》发放手续，《流动党员活动证》经流出地党的基层委员会盖章后，由党支部登记发放。流入地党支部要及时验证并报上级党组织备案。《流动党员活动证》由流动党员正式组织关系所在党支部或组织生活所在党支部每年审核一次。流动党员无正当理由不及时办理组织关系转接事宜、长期不与流入地和流出地党组织联系的，党组织要进行批评教育，经教育仍不改正的，其正式组织关系所在党组织要按党章及党内有关规定进行组织处理。

（2）及时将流动党员编入流入地党的基层组织。流动党员就业单位有党组织的，应当编入其就业单位党组织；就业单位没有党组织的，可以就近就便编入所在社区（村）党组织或其他单位党组织，也可依托商会、行业协会等单位的党组织进行管理。在流动党员较为集中的社区（村）、项目工地、商务楼宇和集贸市场等，可专门建立流动党员党组织。流出地党组织可在外出流动党员相对集中的地方建立党组织，依托驻外办事机构党组织或委托流入地党组织进行管理，条件成熟后移交流入地党组织管理和领导。

（3）探索利用现代技术手段加强对流动党员的管理。有条件的地方党委组织部门要通过建立流动党员信息库等方式，及时掌握本地区外出和外来流动党员的基本情况。

10. 党员外出前必须向党组织报告

党员外出前必须向所在党支部报告，报告的内容应包括：外出原因、外出地点、外出时间以及外出后与党组织联系的方式等。

11. 党员不能不辞而别

国家人事部颁发的《人才市场管理暂行规定》中规定："应聘人才离开原单位时，应当按照国家的有关政策规定，遵守与原单位签订的合同（或协议），不得擅自离职。通过辞职或调动方式离开原单位的应当按国家有关辞职、调动的规定办理手续。"正确处理个人利益与党和国家的利益、个人意愿与工作需要、个人自由与组织纪律的关系，对每个党员都是一个现实的考验。有的党员在人才流动过程中，未经批准擅自离职，既不要行政关系，也不要工资关系，甚至连党的组织关系和人事档案也不要，就不辞而别，这种行为是错误的，是党的组织纪律所不允许的，党组织必须采取措施加以引导和制止。

党员要求流动，应向所在单位提出申请，并向所在党支部报告。离开单位前必须按有关规定认真办理工作移交手续。如擅自离职，党组织应对其进行批评教育；本人坚持不改的，可区别不同情况作必要的处理；涉及党籍处理的，应慎重对待。

12. 妥善解决党员流动中的争议问题

关于人才流动，包括党员流动的问题，党和国家已有相应的规定。中央组织部、国家人事部《关于进一步加强流动人员人事档案管理的补充通知》中规定："党和国家机关、人民团体机关、国营企事业单位录用、聘用流动人员，必须凭管理其人事档案的党委组织部门或政府人事部门及其所属人才交流服务机构出具的人事关系介绍信，方可正式办理录用、聘用手续，并接收其人事档案。"中央组织部《关于加强党员流动中组织关系管理的暂行规定》中指出："在党员流动中，没有转来党员组织关系或没有出具党员证明信的，所去地方和单位的党组织，不得承认其党员身份和安排其参加党的组织生活。"国家人事部颁发的《人才市场管理暂行规定》中规定："用人单位不得采用不正当竞争手段招聘人才，不得接收违反国家有关政策规定擅自离职的人员。"因此，党员在人才流动中，必须严格遵守上述规定，任何单位和个人都无权随意改变，更不能无视这些规定，自行其是或另搞一套。

在党员流动中，党组织与党员都必须认真按照有关政策、规定办事。在人员流动问题上，单位与单位或个人与单位发生争议，应本着实事求是和互谅互让的精神，通过充分协商，妥善处理。协商达不成协议的，应提交仲裁机构或有关主管部门进行仲裁，有关单位党组织应根据仲裁结论确定是否办理转移党员组织关系手续。

四、非公经济中的党员管理

1. 私营企业主党员的管理

我国目前处于社会主义初级阶段。私营经济是社会主义市场经济的重要组成部分，对充分调动社会各方面的积极性、加快生产力发展具有重要作用。近几年，随着改革的发展，少数工人、农民、干部党员成为私营企业主，对于这些党员应当严格要求。一方面，作为私营企业主，按政策规定，对他们的正当经营和合法权益应予保护；另一方面，作为党员，按照党章，应时时处处以共产党员的标准严格要求。主要有：一是要模范地遵守国家的有关政策和法令，依法经营，严格照章纳税。二是要坚持党的理想和为人民服务的宗旨，严格履行共产党员的义务，自觉接受党组织的监督。三是要在企业的收入分配方面，领取作为经营管理者应得的收入，而把企业税后利润的绝大部分用作生产发展基金，增加社会财富，发展公共事业。四是要平等地对待工人，尊重工人的合法权益。

2. 党员参与发展个体、私营经济问题

共产党员可以而且应该积极参与促进私营、个体经济的发展。这是因为，坚持和完善公有制为主体、多种所有制经济共同发展，是我国社会主义初级阶段的一项基本经济制度。社会主义的根本任务是发展生产力，将一切生产要素充分利用起来进行社会生产，以扩大社会生产的规模，向社会生产的深度和广度进军，是社会生产力发展的客观要求。党的十九大报告再次明确指出：必须"毫不动摇鼓励、支持、引导非公有制经济发展"。非公有制经济是我国社会主义市场经济的重要组成部分，对充分调动社会各方面的积极性、加快生产力发展具有重要作用。充分发挥个体、私营等非公有制经济在促进经济增长、扩大就业和活跃市场等方面的重要作用。共产党员可以积极参与发展个体私营经济，以自己的实际行动促进这一经济的健康发展。

五、党费的收缴与管理

1. 党员交纳党费的意义

按期交纳党费，是共产党员应尽的义务，也是党员关心党的事业的具体表现。党员交纳党费，不仅是在经济上资助党，更重要的是可以增强党员的组织观念。因此，党支部要教育党员自觉地按时按标准交纳党费。对没有正当理由不按期交纳或少交纳党费的党员，支部应当及时批评教育。党员没有正当理由连续 6 个月不交纳党费，应视为自行脱党，由支部大会作出决定将其除名，并报请上级党组织批准。

2. 党员交纳党费的计算基数

凡有工资收入的党员，每月以国家规定的工资总额中相对固定的、经常性的工资收入为计算基数，按规定比例交纳党费。工资总额中相对固定的、经常性的工资收入包括：机关工作人员（不含工人）

的职务工资、级别工资、基础工资、工龄工资、津贴；事业单位专业技术人员、管理人员的职务工资、等级工资、津贴、奖金；机关、事业单位工人的岗位工资、等级工资、津贴、奖金；企业人员工资收入中的固定部分（基本工资）和活的部分（津贴、奖金）。实行年薪制人员中的党员以上年月平均收入为计算基数。

列入交纳党费计算基数的津贴、奖金，是指年功性津贴、地区性津贴、工资性津贴和按月发放的奖金。

党组织和党员在计算交纳党费基数时，必须严肃认真，严格执行规定，既要防止漏计，又要避免多计，做到准确无误。

3. 党员交纳党费的比例

凡有工资收入的党员，应按以下比例交纳党费：每月工资收入在400元（含400元）以下者，交纳月工资收入的0.5%；400元以上至600元（含600元）者，交纳1%；600元以上至800元（含800元）者，交纳1.5%；800元以上至1500元（含1500元）者，交纳2%；1500元以上（税后）者，交纳3%。

4. 农村党员交纳党费的标准

在乡镇机关和乡镇企业工作或者外出务工的农民党员，村干部和民办教师（代课教师）中的党员，凡有固定收入的（工资或补贴），按照每月固定收入，参照党员交纳党费的比例的有关规定的比例交纳党费。其他农民党员每月交纳党费0.2元。

5. 没有经济收入或生活困难的党员交纳党费的标准

下岗待业的党员、依靠抚恤和救济为生的党员、领取当地最低生活保障金的党员，每月交纳党费0.2元。没有经济收入或交纳党费有困难的党员，由本人提出申请，经党支部委员会同意，可以少交或免交。

6. 从事个体经营的党员交纳党费的办法

从事个体经营的党员，每月按上季度月平均纯收入，参照党员交纳党费规定的比例交纳党费。从事个体经营的党员收入一般不够稳定，且相互之间也不平衡，作为党员本人在交纳党费时要坚持实事求是，如实申报收入数额，自觉做到按时足额交纳。同时，党组织要加强与工商、税务部门的沟通，认真负责地做好从事个体经营党员的党费收缴工作。

7. 离退休干部、职工党员交纳党费的标准

离退休干部、职工中的党员，离退休以后按国家规定领取离退休费或养老保险金，仍属于有固定收入的党员，因此，这部分党员要以国家规定的离退休费或养老保险金为交纳党费计算基数，参照有关规定的比例交纳党费。

8. 流动党员交纳党费的方法

党员向其正式组织关系所在党组织交纳党费。持《流动党员活动证》外出的党员，外出期间持证向外出所在地党组织交纳党费。流动党员必须增强组织观念，自觉交纳党费，按照外出流动后的实际收入，根据规定的比例和标准主动及时地将党费上交党组织。党组织应根据流动党员流动性大、活动范围广、工作地点以及工作岗位、收入等经常发生变化等特点，健全有关制度，规范收缴手续，加强对流动党员交纳党费的监督与检查。

9. 党员增加工资收入后如何交纳党费

党员增加工资收入后，从按新工资标准领取工资的当月起，以新的工资收入为基数，按照规定比例交纳党费。党员本人在工资收入增加时，要及时向党组织申报，具体说明增资的项目和金额。党组织要及时与本单位人事、财务部门沟通，以便准确计算和及时收缴党费。

10. 党员自愿一次交纳1000元以上党费的处理办法

党员自愿一次交纳1000元以上的党费，全部上缴中央。具体办法是：由所在基层党委代收，并提供该党员的简要情况，通过省（自治区、直辖市）委组织部，中央直属机关、中央国家机关工委组织部，

铁道部、民航总局政治部组织部，军委总政治部组织部转交中央组织部。中央组织部给本人出具收据。

11. 党员交纳党费的基本要求

党员交纳党费的基本要求主要包括3个方面：（1）自觉。党员交纳党费必须做到自觉、主动、积极，同时，应由本人亲自交给党支部或党小组，一般不宜由别人代交。如遇特殊情况，经党支部委员会同意，可以委托其他党员或者亲属代为交纳。党组织不准采用从工资中扣除的形式代替党员交纳党费，更不能采取其他行政手段强迫党员交纳党费。（2）按时。党员交纳党费要按照党章的要求和党组织的规定，按时交纳，不能无故拖交。如遇特殊情况，经党支部委员会同意，可以补交党费，但补交党费的时间不得超过3个月。对无正当理由连续6个月不交纳党费的，按自行脱党处理。（3）足额。党员交纳党费必须根据个人的实际收入，按照规定的比例和标准交纳，不准隐瞒收入或减小交纳基数少交。

12. 党费的管理

收缴党费是一项十分严肃的工作，必须建立严格的收缴和管理制度。

（1）党支部要指定专人收缴与管理。一般由党小组长负责收缴党费，支部组织委员将各小组收缴的党费汇总后交给上级党组织。

（2）要建立专账管理。支部应按月将本支部的党费收入、上缴金额登记入册，便于检查和公布。账目应设有各党小组分户账和支部总账，收入和交出都要有原始凭证。年终可将账册归档备查。

（3）党费要按月上缴，不应任意拖延，任何人不准借支和侵占党费，不准滥用党费。

（4）对党费的收缴情况，支部要每季度检查一次，每年向支部大会作出报告，以接受党员的审查和监督。同时，每年还要向上级党组织作出书面报告。

第三节 党的组织生活工作

一、党内双重组织生活

1. 党内提倡称同志不称职衔

在党内提倡称同志，不称职衔，是我们党的优良传统。毛泽东早在 1959 年就提出要大家互称同志，改变以职务相称的旧习惯。为此，党中央于 1965 年 12 月专门就这个问题发出了通知。党的十一届三中全会，再一次重申了毛泽东的一贯主张，要求党内一律互称同志，不要称职衔。

我们党内的所有党员，都是普通的一员，党员之间的关系是平等的同志关系。党内只有上下级组织，没有上下级党员。在党内互称同志，有利于增强党内的民主观念，密切党内的同志关系，促进党内团结的加强；有利于克服封建等级观念和特权思想，改善党群关系和干群关系，保持党的优良传统，纠正党内的不正之风，在党内同志中，造成一种平等相待、亲密无间、生动活泼的良好风气；有利于担任领导职务的党员干部，保持清醒的头脑，放下架子，转变作风，克服官僚主义，密切联系群众。所有共产党员，特别是党内领导干部，要积极响应党中央的号召，坚持在党内互称同志，坚决克服那种不称职衔就感到不舒服的旧习气，带头树立共产主义的新风尚。

2. 党员领导干部要参加双重组织生活

所谓参加双重组织生活，是指党员领导干部既要参加所在单位的党支部、党小组的组织生活会，又要参加党委（党组）单独召开的民主生活会。

党员领导干部，无论职位多高，在党的生活中，都必须以普通党员的身份出现，自觉地接受党组织和党内外群众的监督。党内不允许有任何不参加党的组织生活、不接受党组织和党内外群众监督的特殊党员。因此，每一个党员领导干部，不但要编入党的一个支部和小组，而且要坚持参加党支部和党小组的生活会。如确因某些特殊原因，不能参加党支部或党小组的组织生活会，也应向党支部或党小组请假。

党员领导干部以普通党员的身份参加组织生活。一方面，有利于倾听党员的意见和要求，了解党员的思想情况，使党的领导者同广大党员保持密切的联系，从而有效地保证党的团结和统一；另一方面，也可以使党的支部和小组发挥其应有的作用，能够对在本支部、小组内过党的组织生活的党员领导干部进行帮助和监督，加强其思想革命化。

党员领导干部，还要参加党委（党组）单独召开的民主生活会。这是因为，这些同志长期在一起工作，接触比较多，互相比较了解，而且他们在思想上、工作上有些不同意见，又不便在支部或小组会上谈，支部和小组也难以帮助解决。因此，需要党委（党组）单独召开党的民主生活会，就执行党的方针、政策和决议情况，在政治上和中央保持一致的情况等一些重要问题，以及相互间在思想、作风和工作上的问题，交换意见，沟通思想，谈心通气，开展必要的批评与自我批评，互相帮助，互相监督，总结经验，统一思想认识。这样做，有利于提高贯彻执行党的路线、方针、政策的自觉性，有利于端正党风，增强团结，密切党群关系，加强集体领导，不断改进领导工作，提高领导水平。

二、正确对待党内不同意见

1. 允许党员"保留意见"同党员"坚持错误"有原则区别

允许党员"保留意见"同党员"坚持错误"，是有原则区别的，不能混为一谈。

为了充分发扬党内民主，健全党内的民主生活，党组织应允许党员对党的决议、政策和党的工作，在党的会议上发表自己的意见。党章第四条规定："对党的决议和政策如有不同意见，在坚决执行的前提下，可以声明保留，并且可以把自己的意见向党的上级组织直至中央提出"，"在党组织讨论决定对党员的党纪处分或作出鉴定时，本人有权参加和进行申辩，其他党员可以为他作证和辩护"。按照上述规定，党员对党组织所作的鉴定或处分决定如有不同意见，可以声明保留。这是党章规定的党员的正常权利不能把党员保留自己的意见，误认为是坚持错误。

应该懂得，党员个人服从组织，少数服从多数，下级组织服从上级组织，全党各个组织和全体党员服从党的全国代表大会和中央委员会，这是党的民主集中制的一项基本原则，一切共产党员和党的组织，都要严格遵守。党员个人的意见被否决后，必须拥护多数人所通过的决议，除必要时可在下一次会议再提出外，不得在行动上有任何反对的表现。保留意见必须以无条件执行党的决议为前提。如果实践证明自己的意见是不对的，那么，就应该虚心接受党员同志和党组织的帮助，放弃自己不正确的意见。不能借口"保留意见"，坚持错误意见，甚至犯自由主义，损害党的集中统一。

所谓"坚持错误"，是指党员犯了错误，经党的组织和同志们的帮助、批评、教育，仍不承认错误、不改正错误，甚至继续犯错误，这是党的纪律所不允许的。党组织对于那些犯了错误而坚持错误不改的人，要进行批评教育，情节严重的，要给予纪律处分。

2. 正确对待党内不同意见

党内在思想认识上有不同意见和争论是正常的。党员对党的方针、政策、决议有不同意见，对党的任何一级组织和领导人有意见，都可以在党的会议上提出，都可以声明保留意见，并向上级党委直至中央提出，这是党章赋予党员的基本权利，应当切实保障。党组织对于党员的不同意见应当持冷静的态度正确对待，坚持"三不主义"，即：不抓辫子，不扣帽子，不打棍子。正确对待不同意见，一方面，需要对不同意见做科学的、实事求是的分析，对其中正确、合理的部分，应当积极采纳和接受；对错误的意见如属非原则问题，可以给予解释，有则改之，无则加勉。如属原则问题，要实事求是地提出批评，但不允许任意夸大，无限上纲；另一方面，对待思想认识上的是非，不能采取压服的办法。有些思想理论上的不同认识一时解决不了，除了具有重大政治性和迫切性的问题外，一般不要匆忙下结论，可以留待以后进一步研究和经过实践来解决。

3. 正确对待犯错误的同志

我们党对犯错误的同志历来采取"惩前毖后，治病救人"的方针。对于犯一般错误的同志，主要采取批评教育的方法，帮助其认识错误，改正错误；对于错误性质较严重，必须给予处分的，要按照党的纪律和有关程序，该给什么处分就给什么处分。但是，不论进行批评教育还是纪律处分，最终目的还是教育和挽救同志，不是要一棍子把人打死。党内不搞惩办主义，反对残酷迫害、无情打击。党的历史经验证明，如果在党内滥用组织手段压制、打击、惩办同志，不但不能正确地维护党的纪律，反而会伤害同志，使党内政治生活不正常。所以，对犯错误的同志，应当坚持教育为主、预防为主、惩戒为辅。要给犯错误的同志以改正错误的机会，使没有犯错误的同志引以为鉴。只要犯错误的同志愿意改正错误，就要满腔热情地帮助其改正，绝不能采取歧视和排斥的态度。这样，既能够达到挽救犯错误的党员本人，又能达到教育其他党员和群众的目的。

4. 党员之间谈心的内容不要随意向外散布

党员之间开展谈心，是交流思想、密切感情、开展批评与自我批评、增强团结的一种好形式，是我们党历来所提倡的。党员之间个别谈心的内容，应尊重对方同志的意见，对其要求不要向别人公开的内容，不应随便向第三者散布，以免造成同志之间的矛盾、误解，影响谈心效果。当然，如果在谈心中，发现对方有思想疙瘩解不开，自己又说服不了，因此向组织反映情况，以求得组织的帮助是可以的。

三、禁止党员参加的活动

1. 共产党员不能信仰宗教

按照宪法的有关规定，我国公民有宗教信仰的自由。但是，共产党员不同于一般公民。共产党员是工人阶级的先锋战士，是马克思主义者。马克思主义者应当是无神论者，而不应当是有神论者。他们的世界观应当是辩证唯物主义和历史唯物主义的，而不应当是唯心主义的。因此，我们党曾经多次明确规定：共产党员不得信仰宗教，不得参加宗教活动；如果坚持不改的，要劝其退党。

在执行这一规定时，应当考虑到少数民族聚居地区的特殊情况。少数民族中的共产党员，还有相当一部分人虽然忠实执行党的路线、方针、政策，积极为党工作，服从党的纪律，但还不能完全摆脱宗教影响。生活在基层的少数民族党员，即使本人已经摆脱宗教信仰，但如果拒绝参加任何带某些宗教色彩的活动，就会把自己孤立起来，不利于做群众工作。在少数民族聚居地区，宗教问题往往同民族问题交织在一起。因此，在处理少数民族党员信仰宗教或参加宗教活动的问题时，本着既要保证党员的先进性，又要有利于密切联系群众的精神，耐心、细致地进行思想教育工作，根据具体情况，区别对待，不能简单从事。

2. 处理党员信教问题的政策界限

对于少数党员信仰宗教、参加宗教活动等问题，必须根据有关规定，区别不同情况，慎重对待，妥善处理。要把加强党员教育放在首位，使党员正确理解党的宗教政策，懂得不信仰宗教是做合格党员的起码条件。对信教党员的处理，要严格掌握以下政策界限：

对于挑拨民族关系，制造事端，或者利用宗教煽动骚乱闹事的，对策划者、组织者给予开除党籍处分。积极参与上述活动，情节严重的，给予开除党籍处分；其中有悔改表现的，给予留党察看处分；情节较轻的，给予撤销党内职务或者严重警告处分。不明真相被裹挟参加上述活动，经批评教育后有悔改表现的，不予处分或者免予处分。

对于丧失共产主义信念，笃信宗教，或成为宗教职业者，经教育不改的，应劝其退党，劝而不退的予以除名。

对于共产主义信念动摇，热衷于组织或参加宗教活动，经过批评教育，有转变决心和实际表现，本人要求留在党内的，可作限期改正处理；经过批评教育不改的，应劝其退党。

对于受宗教观念影响或迫于社会、家庭的压力，参加一般性宗教活动，但本人能够执行党的路线、方针、政策，积极为党工作，服从党的纪律的，要对他们进行耐心细致的教育，帮助他们在思想和行动上摆脱宗教的束缚。

在信教比较普遍的少数民族聚居地区，要把党员信教同参加某些民族风俗活动区别开来。对于党员主要是为了尊重或随顺民族风俗习惯参加的有关活动，如婚丧仪式和群众性节日活动等，不应视为信仰宗教或参加宗教活动。

3. 党员不能参加封建迷信活动

封建迷信一般是指算命、相面、跳神、测风水等处于较低层次上对神灵鬼怪的信仰，是一种愚昧落后的封建意识和唯心主义的世界观。封建迷信活动毒化社会风气，扰乱社会秩序，严重危害人民身心健康，造成资源、资金极大浪费，给社会主义精神文明建设带来巨大的破坏作用。共产党员是工人阶级的先锋战士，是彻底的唯物主义者，是遵守社会主义精神文明道德规范的模范，不能参加封建迷信活动。

　　各级党组织，尤其是城乡的基层党组织，对党员应加强教育，严格要求，严明纪律。不仅应教育党员不能参加封建迷信活动，还应当积极地在干部、群众中进行"无神论"教育。用科学战胜愚昧，用马克思主义的唯物史观批判封建迷信思想的唯心论，用社会主义思想占领城乡文化阵地。每一个共产党员都应当成为破除封建迷信的模范。应该做到，用马克思列宁主义、毛泽东思想、邓小平理论、"三个代表"重要思想、科学发展观、习近平新时代中国特色社会主义思想来武装自己的头脑，牢固树立唯物主义的世界观，懂得不信仰鬼神是做合格党员的起码条件，增强识别和抵制愚昧落后风俗习惯的能力；加强组织纪律性，在任何情况下都不参加封建迷信组织，不参加封建迷信活动；带头学习、宣传科学文化知识，移风易俗，弘扬社会新风尚，引导群众树立文明、健康、科学的生活方式，敢于抵制陈规陋习，同愚昧落后的观念和旧的风俗习惯作斗争。

　　党员从事封建迷信活动是违反党纪的行为。对于党员参与封建迷信活动，党组织应坚决予以纠正。对于偶尔在治丧、民间节日搞一些封建迷信活动的，主要是进行科学知识教育，帮助他们提高觉悟，认识封建迷信活动的危害，要求他们今后不再参加封建迷信活动。对搞封建迷信活动扰乱生产、工作、社会生活秩序或者骗取财物的，给予严重警告或者撤销党内职务处分；情节严重的，给予留党察看或者开除党籍处分。参加反动会道门并在该组织中进行反动活动的，给予开除党籍处分；未进行反动活动并有悔改表现的，给予警告、严重警告或者撤销党内职务处分。

　　4. 党员不能参与宗族活动

　　宗族活动是以血缘关系为纽带，把本宗族利益置于集体和国家利益之上的活动。主要表现为农村一些地方存在的续家谱、建宗庙、选族长和姓氏纷争、宗族械斗等旧社会遗留下来的落后现象。宗族活动的危害极其严重：为了宗族小团体利益，不惜牺牲党的原则和集体利益，严重腐蚀党员的思想，危害党的团结和统一；从宗族出发，不顾大局，对党的方针政策采取"各取所需"的态度，甚至顶着不办，干扰党和国家政策在农村的贯彻落实；宗族活动严重的地方，在乡村基层组织之外形成了一种权力，削弱了农村基层组织的权威，影响农村基层组织职能作用的发挥；当地恶势力抬头，歪风邪气盛行，社会秩序混乱，人民的生命财产得不到保障。因此，共产党员一定要牢固树立党性观念，时刻牢记自己是工人阶级的先锋战士，是人民利益的忠实代表。对于宗族活动，不但不能参加，而且要勇敢地站出来反对和制止。

共产党员对待宗族活动，首先，要带头根除宗族观念，增强党性观念。在农村各项活动中，要做到不论姓氏，不分亲疏，一律平等，一视同仁。要相信和团结群众，遇到有关问题和矛盾，要依靠组织公平解决，不能因人多势众，搞以势压人。其次，要正确处理少数人与大多数群众的关系。党员应为广大人民群众谋利益，说话办事，要站在大多数群众的立场上，以群众利益为重，而不能以姓氏分彼此、划亲疏。凡事做到客观公正，不徇私情，并努力做好亲戚朋友的工作。再次，要自觉维护农村基层党组织的权威。像爱护自己的眼睛那样维护党组织的领导权威，不允许在党内、党外搞宗族派性，进行无组织无纪律的活动。党员不仅自己不能参加宗族活动，还要管好自己的家庭，教育好亲戚、朋友和群众，并且同那些企图架空党组织、操纵村务的宗族势力进行坚决的斗争。

党员违犯党的规定，参与宗族势力活动，为宗族势力所左右，破坏社会治安管理秩序，情节恶劣、后果严重、构成犯罪的，一律开除党籍；情节严重尚未构成犯罪的，可给予撤销党内职务以上处分；情节一般，通过教育改正的，可不以违纪行为论处。

5. 党员不能参加集体上访、闹事活动

集体上访、闹事，干扰国家行政、司法机关工作秩序，容易引发和激化矛盾，造成社会的不安定，不利于改革、发展、稳定的大局。党员有维护党的团结和统一，维护社会安定团结，带头维护社会秩序的义务。党员参与集体上访不但有损于党员的形象，还直接影响到党在群众中的威信。因此，党员不能参加集体上访、闹事活动，这是党的纪律，必须自觉遵守。

根据党章和国家有关法规的规定，党员有权以个人名义或联名负责地向上级党组织反映情况。作为公民、党员也有权通过信访、举报机关，向国家行政、司法机关反映问题，提出意见、建议和要求。但是，党员行使民主权利、公民权利与认真履行义务、自觉依法办事是相辅相成的。我们党是一个有机的战斗整体，党员必须无条件地服从党的组织和党的纪律，无论何时何地都必须顾全大局。国务院颁发的《信访条例》明确规定：信访人向各级行政机关反映问题，提出意见、建议和要求，应依照有关法律、行政法规规定的程序上访；多人反映共同意见、建议和要求的，一般应采用书信、电话等形式提出；需要采用走访形式的，应当推选代表提出，代表人数不得超过5人。因此，党员不能参与集体上访是党的纪律和国家法规的要求。每个党员都应做到：第一，向上级反映情况、检举问题，必须实事求是，按组织原则办事，通过正常渠道，采取正当方式。当问题涉及党员自身利益时，要以集体、全局利益为重，不惜牺牲个人利益，服从国家利益、集体利益和群众利益。第二，带头遵守信访秩序，在重大原则问题上保持清醒的头脑，不能混同于普通群众。任何情况下都不怂恿、支持和参加集体上访，更不能去组织集体上访。第三，出现集体上访和发现集体上访的苗头时，要积极做好群众的思想工作，并主动与组织沟通，化解矛盾，说服和帮助群众通过正常的途径使问题得到解决。第四，对于少数人利用联名上书诬陷别人，利用集体上访向组织施加压力，搞阴谋活动，要进行坚决斗争。

闹事是党的纪律和国家法律所不允许的，党员在任何时候、任何情况下都不允许参与闹事。少数群众闹事，党员必须按照党的政策向他们进行宣传解释，慎重处理，使事态平息。党员不能参加违反宪法、集会游行示威法的非法集会和游行示威；不能参加违反党的民族政策，挑拨民族矛盾的闹事活动；不能参加违反党的宗教政策，利用宗教狂热，破坏国家统一和民族团结的闹事活动；不能参加违背党的组织原则，危害党的团结，扰乱党内正常组织生活秩序的非组织活动；不能参加一切扰乱党政机关、企事业单位和人民团体正常活动，破坏生产、工作和社会生活秩序的活动。违反上述规定的，要按照纪律处分条例有关规定严肃处理。

四、特殊情况下的组织生活

1. 共产党员要求加入民主党派问题

共产党员一般不能加入民主党派。根据中央有关文件规定，为了积极帮助民主党派加强领导班子建设，进一步健全、巩固和发展中国共产党领导下的多党派合作制度，对个别适合做民主党派领导工作的中共党员，在民主党派要求和同意的前提下，经上级党委批准，可以加入民主党派组织，调到民主党派工作。

2. 担任外商代理人的党员参加组织生活问题

党员担任外商代理人后，应保留党籍，停止组织生活，组织关系保留在原单位。停止组织生活期间不再交纳党费，不阅读党内文件。

第四节　民主评议党员工作

1. 认真组织学习，提高思想认识

组织广大党员深入学习党章，学习习近平新时代中国特色社会主义思想和治国理政新理念新思想新战略，让广大党员搞清楚党员的条件和标准，搞清楚召开专题组织生活会的目的和方法，切实增强思想自觉和行动自觉。基层党组织要紧密联系党员思想和工作实际，引导党员以严肃认真的态度参加专题组织生活会，正确对待自身存在的不足，正确对待群众提出的意见，正确对待党组织指出的问题，进一步增强发挥先锋模范作用的自觉性。

2. 开展谈心谈话，沟通交流思想

通过个别谈话、集体座谈、上门走访等多种方式，深入征求党员群众意见，有组织地开展谈心谈话活动。党支部书记与支部委员、与每名党员分别谈心，支部委员相互谈心，党员彼此之间互相谈心。对存在问题但缺乏认识的党员要通过反复谈，帮助其提高认识、正视问题；对平时有分歧、有疙瘩的要通过谈心，消除隔阂、增进了解。对外出流动党员要通过电话、网络等方式，了解思想和工作情况。对生活困难党员、年老体弱党员要采取上门谈心方法，主动关怀、听取意见。努力做到谈心谈话互相掏心窝子、说心里话，既主动说出自己身上的毛病，又直接点出对方的不足。

3. 撰写简要对照检查材料

党支部认真汇总梳理征求到的意见建议，召开会议一项一项讨论分析，找准找实存在的突出问题。村、社区等基层党组织和党员围绕党性意识强不强、服务群众好不好、为民办事公不公、自我要求严不严等方面，深入查摆具体问题。执法监管部门和窗口单位、服务行业的基层党组织和党员针对群众反映强烈的"门难进、脸难看、事难办""乱收费、乱罚款、乱摊派"等突出问题，逐一对照检查。其他基层党组织结合岗位特点和履职情况，查摆突出问题，开展对照检查。市、县机关及其直属单位、企事业单位内设机构党员负责同志，乡镇、街道机关及站所和学校、医院等党员负责同志，分别撰写简要的对照检查材料。村、社区党组织及其书记一般应形成简要对照检查材料，列出问题清单和整改措施，并向群众公示。对照检查材料的主要内容是检查剖析存在的问题，深挖产生问题的思想根源，有针对性地提出具体改进措施，不强求统一格式，不以字数多少定优劣。

4. 召开支部委员会，开展批评和自我批评

设支委会的党支部召开支部委员会，党支部委员会每名成员本着与人为善、坦诚相见、实事求是的精神，认真开展批评和自我批评。自我批评要求直奔问题、揭短亮丑，对群众反映强烈的不正之风问题，对上级点明的问题，逐一作出回应。相互批评要求抹开面子，直截了当指出问题和不足，真心实意提出改进意见。开展批评和自我批评都要坚持用事实说话，是什么问题就摆什么问题，真正达到既红脸出汗、触动思想，又增进团结、促进工作的效果。

第五节 党的纪律工作

一、党小组维护党的纪律工作的主要内容

1. 对党员进行党性、党风、党纪教育

对党员进行党性、党风、党纪教育是党小组思想建设的重要内容，是端正党风的根本措施。也是保持党组织的先进性，提高党员素质的重要手段。

（1）党性、党风、党纪教育的主要内容。

①党性、党风、党纪的基本理论的教育。包括党的纪律的重要性的教育，党员必须在思想上、政治上和党中央保持一致的教育，民主集中制的教育，等等。

②党纪国法教育。包括党章和《关于新形势下党内政治生活的若干准则》及党中央、中央纪律检查委员会、上级党的组织有关党性、

党风、党纪方面的文件、指示，国家颁布的法律法令，等等。

③党的十一届三中全会以来的路线、方针、政策教育。包括坚持四项基本原则，廉洁奉公、反对腐败的教育，等等。

④党的优良传统和作风教育。通过教育，使党员从理论和实践的结合上，真正懂得增强党性搞好党风、党纪的重要性，自觉地遵守和维护党的纪律，抵制和纠正各种不正之风，保持和发扬党的优良传统和作风。

（2）党性、党风、党纪教育的主要形式和方法。

①经常性、系统性的教育。主要是通过党小组会和组织自学的形式，把党性、党风、党纪教育作为党的组织生活和党员教育的重要内容，做到经常化、制度化。

②不断进行预防性教育。要善于抓住那些带有倾向性或可能发生的问题，把教育工作做在前面，及时提醒党员注意。做到防患于未然，使党员不犯错误或少犯错误。对个别党员出现的违纪苗头，党小组要做耐心细致的工作，把问题解决在萌芽状态之中。

③典型教育。就是运用正反两方面的典型事例开展教育。一方面，大力宣扬那些模范遵守党规党纪、保持和发扬党的优良传统、坚决与不正之风作斗争的优秀人物及其先进事迹，为党员树立学习的样板。另一方面，要用那些严重违犯党的纪律、败坏党风的反面典型，对党员进行教育，使党员从中吸取有益的教训，引以为戒。运用典型进行教育，要坚持以正面典型教育为主，反面典型教育为辅的原则，以增强党员端正党风的信心。同时，要结合党员的实际组织讨论，制定措施，使典型教育切实收到实效。

④运用批评与自我批评的武器，开展积极的思想斗争。勇于揭露工作中的缺点、错误，并坚决同各种错误倾向作斗争。努力使本小组不出现或少出现违纪党员和违纪事件。开展党内批评，要坚定不移地贯彻团结—批评—团结的方针，切实做到"与人为善""治病救人"。既要注意克服"你好我好"的庸俗腐朽作风，又要注意防止用对待敌

人的方法对待党内同志。党小组长和党员骨干要带头开展批评与自我批评，带动全组党员树立良好的风尚，增强党小组的生机和活力。

2. 对党员进行反腐倡廉教育

反腐倡廉教育是指以鞭挞腐败行为，倡导廉洁行为为内容的廉政教育。十九大报告指出："人民群众最痛恨腐败现象，腐败是我们党面临的最大威胁。"这个问题解决不好，就会对党造成致命伤害，甚至亡党亡国。反腐倡廉必须常抓不懈，拒腐防变必须警钟长鸣。

反腐倡廉直接关系到党的基本路线的贯彻执行，关系到党的思想建设、党组织的纯洁和党的战斗力的提高。因此，反腐倡廉不仅是廉政教育的要求，也是党的纪检教育的重要内容。

（1）进行反腐倡廉教育首先要突出惩治腐败的内容。把查处违纪案件，严厉惩治腐败分子作为突破口，对贪污盗窃、贪赃枉法、行贿受贿的党内腐败分子，给予严厉的制裁，是进行反腐倡廉教育的基础，是有效地遏制腐败现象的蔓延，使党员干部增强反腐败斗争的信心的重要途径。因此，反腐倡廉教育必须在学习中央领导反腐倡廉重要论述和中央文件的同时紧密结合反腐败斗争实际，把违法违纪的重大案件，作为教育内容，采取多种形式对广大党员进行案例教育，学习有关条规，使党员从中吸取教训，增强反腐败的能力。

（2）克服纠正各种不正之风和消极腐败现象是反腐败教育的另一重要内容。要通过认真调查，把群众反映强烈的不正之风和消极腐败现象作为教育内容，针对党内不正之风产生的规律和党员的思想实际，在党中央每项政策出台之前或容易发生问题的时刻，不失时机地进行跟踪预测，早打招呼，抓好预防教育。在政策执行过程中发现和掌握党内思想动态和违纪倾向，抓好及时性教育，把问题解决在萌芽之中。同时要加强有关反腐败法规条规的教育，使党员明确党纪国法的各项具体规定，明确违纪违法后将受到的各种处罚，培养党员廉洁自律的观念。

（3）倡导廉洁是反腐倡廉教育的重要内容。反腐倡廉教育就是从提高党员的思想觉悟入手，以毛泽东思想、邓小平理论、"三个代表"重要思想、科学发展观、习近平新时代中国特色社会主义思想为指导，有针对性地对党员进行正确的人生观、价值观、道德观和优良传统作风的教育，打牢拒腐防变的思想基础，增强抵制资产阶级腐朽思想的侵蚀能力。同时要把各级领导干部作为反腐倡廉的教育重点，教育他们带头廉洁自律，自觉执行中央在加强党风廉政建设方面作出的各项规定，在党风廉政建设中作出表率。

（4）反腐败斗争是一项艰巨复杂的、长期的工作。所以党小组要重视反腐倡廉教育，必须持之以恒，常抓不懈。坚持标本兼治，综合治理的原则，惩防并举、注重预防的方针，建立健全惩治和预防腐败体系，坚持不懈地反对腐败，加强党风和廉政建设。注重把教育置于改革之中，同法治建设结合起来。一方面要通过教育提高广大党员和干部的思想政治素质，提高全心全意为人民服务的自觉性，提高模范遵纪守法的自觉性；另一方面要抓住最容易产生腐败问题的部位和环节，总结经验，严格纪律，建议和帮助有关部门建立和完善各项管理制度和监督制约机制，制定各项政策法规，只有这样，反腐倡廉教育才能收到更好的效果。

3. 监督党员遵守党的纪律

（1）紧紧依靠党内外群众，掌握党员遵守党的纪律的情况。党员生活在群众之中，党员的言论和行动群众看得最清楚，所以，党小组要掌握每个党员的遵纪守法情况，就要采取多种形式，如民意测验、组织党员与党外群众谈心，组织党内外群众评议党员的党风、党纪状况等，认真听取党内外群众的意见。把每个党员遵守党的纪律的情况时刻纳入党小组的视觉之内。

（2）发现党员违纪现象，要区别情况，采取相应措施。属于一般教育问题的，要明确向党员本人指出，并帮助和督促其迅速改正。对党员严重违犯党的纪律的行为，则应及时向党支部汇报，请支部根据有关规定，作出恰当的处理。

判断党员所犯错误是不是严重违犯党的纪律的行为，应根据错误性质和情节轻重来确定。一般来说，下列行为都属于严重违犯党的纪律的行为：①破坏党的团结统一。②对党的路线、方针、政策、决议，公开抵制或阳奉阴违。③公开地或秘密地向党外发表对抗党的路线、方针、政策、决议和基本政治立场的言论。④在党内组织秘密集团，进行派别活动、阴谋活动，在党外参加或支持非法组织和非法活动。⑤泄露党和国家的机密。⑥蓄意破坏国家和集体的经济利益。⑦严重渎职，造成国家建设和人民生命财产的重大损失。⑧道德败坏，腐化堕落，损害国家尊严和丧失人格。⑨向党隐瞒自己或包庇别人的严重错误或其他严重问题。⑩进行诬陷、威胁别人的活动；压制党员和党外群众的批评、揭发和申诉，并对他们实行打击报复，剥夺和严重侵犯党员和党外群众的权利；利用职权谋取私利，给党造成恶劣影响；严重违反国家法令，触犯刑律；等等。

4. 协助支部处理违纪党员

（1）给予党员纪律处分的程序。给予党员纪律处分，除特殊情况可由县级以上各级党委和纪律检查委员会直接作出处理决定外，一般都必须经过支部大会讨论决定，并按照处分党员的批准权限的规定，逐级报上级党组织批准。其具体程序一般是：①对党员所犯错误的事实，进行认真的调查研究，反复核实，写出调查报告。②由支部书记或纪检委员找违纪党员谈话，对其帮助教育。③犯错误党员所在的党小组召开会议，酝酿讨论对其处分意见。④支委会研究提出对犯错误的党员的处分意见，并草拟好处分决定。⑤召开支部大会讨论，作出处分决定。⑥党支部委员会将支部大会通过的处分决定交受处分党员签署意见，然后按审批权限逐级上报审批。

（2）党小组会对本小组违纪党员酝酿、讨论提请处分意见的做法及应注意的问题。给予党员纪律处分，党小组讨论不是必经的手续。但由于党小组对本小组违纪党员的情况最了解，在一般情况下，在支部大会召开之前，可由党小组进行酝酿讨论，提出处分意见，供支部委员会和支部大会参考。党小组会的开法：①会议召集人（一般是党小组长）说明党小组会的内容。②犯错误党员检查错误事实及本人对错误的认识、态度。③党小组的同志对犯错误的党员进行批评帮助。重点帮他分析错误的性质、产生的根源及其危害，今后努力的方向等等，使其从思想上提高认识。④犯错误的党员做说明或申辩，同时也允许其他党员为其申辩。⑤根据党员所犯错误的事实，本人一贯表现及其对所犯错误的认识、态度，按照党章所规定的五种处分（警告、严重警告、撤销党内职务、留党察看、开除党籍），经到会的党员充分讨论，提出给予何种处分的建议。

五种处分的掌握标准：①警告。这是党内纪律处分最轻的一种，是对犯错误党员的告诫，使之注意和警惕。一般是党员在工作上由于疏忽或过失，偶尔违犯党的纪律；或所犯错误虽属思想品质方面，但错误性质和造成的后果不严重的。②严重警告。这是比警告处分重一级的处分，是对犯错误党员的严重告诫。一般是党员所犯错误的性质和严重程度，较之警告处分更重一些，但又构不上撤销党内职务处分的。③撤销党内职务。这是党的纪律处分中较重的处分。适用于错误性质严重、已不具备继续担任党内领导职务，但又构不上留党察看处分的党员。④留党察看。这是党的纪律处分中的一种重处分，指党员所犯错误严重，但又未完全丧失共产党员条件，需要给予改正错误机会的。为便于组织考察，给违纪党员留党察看处分，可根据所犯错误的严重程度，给予留党察看一年或两年的期限，但最长不超过两年。留党察看期间，在党内没有表决权、选举权和被选举权，不能担任党内职务。⑤开除党籍。这是党的纪律处分中最重的处分，是指党员的错误极其严重，完全丧失了共产党员条件时给予的处分。各级党组织在决定或批准开除党员党籍的时候，应当采取十分慎重的态度。

党小组在讨论、提出对党员的处分建议时应注意的问题：①对犯错误的党员，必须坚持"惩前毖后，治病救人"的方针，达到既要弄清思想，又要团结同志的目的。要注重思想教育，严格执行党的政策，严禁用违反党章和国家法律的手段对待党员，严禁残酷斗争、无情打击，严禁打击报复和诬告陷害。提出的处分建议要恰如其分，留有余地。②要重事实、重证据。实事求是地分析党员所犯错误的主、客观原因和历史条件，正确认定错误的性质和危害，作出符合实际的结论。③要将党员违犯纪律的事实摆到桌面上，让党小组的全体同志充分发表意见，包括不同意见。当意见不能统一时，要将不同意见如实向党支部报告。④要允许违纪党员本人参加会议，并认真听取本人的意见和申辩。

5. 对受到党纪处分的党员进行帮助、教育和考察

（1）满腔热情地教育和帮助党员改正错误。一个人犯了错误，组织和同志们主动热情地接近和帮助他，多做团结教育工作，可以使他感受到党的温暖，坚定改正错误的决心和信心。因此，党小组要教育党员不能嫌弃、冷淡、歧视犯错误的党员，而要热情地帮助他们分清是非、吸取教训、痛改前非。

（2）要加强对犯错误同志的教育、监督和考察。积极做思想转化工作。一是教育他们端正态度，不要因犯错误一蹶不振、甘愿消沉。二是教育他们相信党、相信群众，主动争取党组织和党员同志的帮助。三是教育他们到群众中去，大胆地、更好地为党工作，将功补过。四是犯错误党员一旦有了进步，要及时地予以鼓励。

（3）要教育犯错误党员的家属配合做工作。党小组首先要引导他们既不要为亲者讳，也不要背上思想包袱，更不要对亲人嫌弃。其次，要从政治思想上给亲人以帮助，从生活上给予关心，使其增强改正错误的信心和勇气。

（4）对受到留党察看处分的党员，除教育和帮助他们认识和改正

错误外，还要认真考察其实际表现，并及时向党支部汇报。察看期满后，对表现好的，要帮助他们争取按期恢复党员权利；对不能恢复党员权利、但又没有完全丧失党员条件的，可建议延长留党察看期一年。延长期满仍不能恢复党员权利的，则按规定开除党籍。党小组对开除党籍的人，也要热情帮助，鼓励他们做个合格公民。

二、党纪处分的依据和要求

1. 党的纪律处分的依据

对违纪党员纪律处分的依据主要是三个方面：错误事实、本人态度、一贯表现。错误事实是处分党员的最主要依据，指的是经过调查核实，有确凿证据证明的违纪言行。本人态度指的是犯错误党员对所犯错误的认识和表现，这是从轻从重的参考要素之一。一贯表现主要是区别初犯、偶犯还是屡犯、屡教不改，也是从轻从重的考虑要素之一。

2. 党纪处分的基本要求

（1）事实清楚，指结论中对事实的认定具体、准确。符合客观实际，对错误事实发生的时间、地点、情节、后果、手段、责任以及产生错误的主客观原因都要弄清楚。

（2）证据确凿，指据以定案的全部证据真实、准确、充分。它要求：据以定案的每一个证据都是查证属实的；据以定案的证据与认定的事实之间有着客观的联系；证据之间、证据与认定的事实之间的矛盾完全排除；认定的每一个事实都有相应的一定量的证据予以证明。没有证据或证据不充分，不能认定；证据充分、确凿，即使犯错误的人拒不承认，也可以认定。

（3）定性准确，指对错误事实的性质的认定确实无疑，符合错误自身的本质属性。认定问题的性质，必须在事实清楚，证据确凿的基础上，以党纪国法为准绳，进行具体分析，是什么性质的问题就定什么性质，性质难以确定的，用写实的办法作出结论。

（4）处理恰当，指对违纪行为所作出的组织处理合适、妥当，恰如其分。其标准是：结论与错误事实相符合，受处分人受到应有的教育；量纪符合党规党纪和党的政策，体现了党的纪律的严肃性；党员、群众认为处理的公正合理，并有良好的社会效果。

（5）手续完备，指处理违纪行为应履行的程序全部具备，符合党章、准则和有关文件规定，材料齐全。

3. 对党员处分的决定应包括的内容

对党员的处分决定，一般应包括下列内容：（1）受处分党员的基本情况，包括姓名、性别、年龄、民族、籍贯、文化程度、家庭出身、本人成分、入党和参加工作时间、主要工作经历、现所在单位和职务、工资级别等。（2）所犯错误的主要事实、情节、责任和危害程度（如犯有几种不同情节的错误，要分清主次，叙述清楚）。（3）本人对待错误的态度。（4）定性和处理意见。

4. 上级党组织在特殊情况下可直接处分党员

党的十九大通过的党章第四十二条规定，"在特殊情况下，县级和县级以上各级党的委员会和纪律检查委员会有权直接决定给党员以纪律处分"。这里所指的特殊情况，主要是指：（1）犯错误的党员，由于工作机密程度较大，不宜由党员大会讨论。（2）党的基层组织瘫痪，或该组织领导人同犯错误的人有直接牵连。（3）撤销党的中央委员会和地方各级委员会的委员、候补委员的职务，或给他们以留党察看或开除党籍的处分时，必须由本人所在的委员会全体会议 2/3 以上的多数决定。（4）县级和县级以上各级党委和纪律检查委员会直接检查处理的案件中的特殊案件等。

三、给予党员党纪处分的注意事项

1. 党员受处分的起算时间

支部大会对党员的处分决定，必须报上级党委或纪委批准，才能生效。因此，党员受处分时间，应从党委或纪委批准之日算起。

2. 由于判刑而受留党察看处分的计算时间

共产党员因某些过失犯罪，或因缺乏专业知识和工作经验造成犯罪，被判处刑期较短的有期徒刑、收监执行，由于过去一贯表现良好，又确实符合共产党员条件而给以留党察看处分的，其考察期应从刑满释放之日算起。这是因为他们在监禁期间，已经停止党的组织生活，党组织无法直接进行考察了解，只有在他们刑满释放后，参加了所在支部的组织生活，党组织才便于进行直接考察。

3. 党员拒绝在处分决定上签字，处分决定完全有效

党员因犯错误受到纪律处分，本人对处分决定不管是赞成还是反对，或部分保留的，除了可在党的会议上发表和向上级党组织申诉外，还应当在决定上签署本人意见。这是执行党的纪律所应履行的一项手续。不让受处分者在决定上签字或本人拒绝签署个人意见，都是不对的。

但是，受处分的党员是否在处分决定上签署本人意见，不是处分决定有效的一个条件。处分决定的有效性，在于决定本身的正确性和上级党组织的批准。如果处分决定完全符合事实、恰如其分，并且得到上级党组织的批准，那么，即使受处分的党员拒绝签署个人意见，也完全是有效的。如果处分决定是不当的或者是错误的，即使受处分的党员勉强签字同意，上级党组织查明情况后，也不能批准生效，而要实事求是地加以纠正。

4. 被开除党籍的党员可以重新入党

共产党员因犯严重错误而被开除党籍的，经过长期考验，已经改正错误，确实具备了党员条件以后，本人如申请入党，经过党组织严格审查，可以重新吸收入党。凡被清除出党的，不能再重新入党。

5. 受过处分的党员可以被评为先进工作者

党员受了党纪处分，证明他在某些方面犯有错误，不完全具备先

进工作者应有的条件，因而不能在受党纪处分的短期内被评为先进工作者。受党纪处分的党员，如果确已经过相当时间的考验，在实践中已经改正了错误，表现比较突出，得到群众的拥护，确已具备了先进工作者条件的，可评为先进工作者。

6. 对犯错误的党员不能同时给予两种处分

党员违反了党的纪律，党组织应按照其错误性质和情节轻重，分别给予批评教育或党纪处分。对同一个违反纪律的党员不宜同时给予两种不同的党纪处分。该给较轻的处分的，不能同时再给予较重的处分，该给较重的处分的，也无须同时再给予较轻的处分。

党员在留党察看期间，因已丧失表决权、选举权和被选举权，不能继续担任党内任何领导职务，所以，党员在受留党察看处分时，其所任党内领导职务自然免除或撤销。

7. 党员因犯错误而受到的党纪处分不能取消

共产党员因犯错误应该受到党的纪律处分的，不论他改正没改正，都不存在取消原来处分的问题。党员受留党察看处分，经过察看期的考验，确已改正了错误，应当按期恢复其正式党员权利，但这不是取消处分的意思，不需要履行取消处分的手续。

党的十九大通过的党章第四十六条规定，中央和地方各级纪律检查委员会，"检查和处理党的组织和党员违反党的章程和其他党内法规的比较重要或复杂的案件，决定或取消对这些案件中的党员的处分"。这里所说的"取消对党员的处分"，是指那些处理错了的处分。就是说，经过复查证明，原来的处分依据与事实不符，给予了完全错误的处分，那就应当取消这种处分。如果原处分是正确的，就不能予以取消。

党员犯了错误，党组织给予他必要的纪律处分，目的是维护党的纪律的严肃性，教育本人和其他同志，挽回不良影响。如果本人在实践中改正了错误，党组织应当鼓励和欢迎。但不能因为改正了错误而改变其曾经犯过错误这个事实，不能构成要取消原有处分的理由。如果对党员的原处分过重或过轻了，经过复查，可以改变原处分，另行给予恰当的处分。这种改变是必要的，但绝不是取消处分。

8. 党员受行政处分不一定都要给予党纪处分

党员受行政处分，不一定都要给予党纪处分。党员受较轻的行政处分、又不涉及党纪问题的，可不给党纪处分；如果受到较重的行政处分，而又涉及党纪问题的，应根据所犯错误的性质和情节，给予适当的党纪处分。行政上受开除公职处分的，必须开除党籍。

9. 党员受留党察看处分一般不得提前恢复正式党员的权利

党员受留党察看处分，其察看期规定为一年或二年，是根据其错误性质和情节轻重确定的。这种察看，无论对个人，对组织，都是必要的，有益的。受到这种处分的党员，应自觉地接受党组织的察看。经过察看期的考验，确实改正了错误，表现较好的，才能按时恢复其正式党员的权利。对于受留党察看处分的党员，一般不提前恢复其正式党员权利，应当坚持按期办理。如有个别同志在留党察看期间确实表现突出，作出了特殊贡献，由支部大会讨论通过，经上级党委批准，方可提前恢复其正式党员权利。

10. 党员知情不举或出假证应给予处分

维护党纪、国法是每个党员的职责。党员如果对违犯党的纪律的行为和违法犯罪活动知情不举或出假证，是十分错误的。应当根据情节轻重给予必要的党的纪律处分。如果有的党员窝藏或者出假证明包庇犯罪分子，这就不仅严重违反了党章、《准则》，而且触犯了国家的《刑法》，应当根据情况严肃处理。

11. 党小组长犯了错误不能给予撤职处分

党小组不是一级党组织，党小组长不是党内职务。因此，党小组长犯了错误，不能给予撤销党内职务处分，可以给予其他党的纪律处分。

12. 对党员进行通报批评不算党的纪律处分

党的领导机关对党员进行通报批评，是对党员进行教育的一种形式，不属于党的纪律处分。

13. 预备党员违犯党的纪律的处理办法

预备党员和正式党员一样，必须严格遵守党的纪律。预备党员违犯党的纪律，应根据具体情况，分别进行处理：有的应进行批评教育；有的可延长其预备期；有的则应取消其预备党员资格。

14. 离退休党员违犯党的纪律如何处理

原来行政职务较高的离休干部，如果犯了严重错误，需要给予党纪处分时，仍按原来职务的干部管理权限报批。

原来是一般行政职务的退休干部，如果犯了严重错误，需要给予党纪处分时，由其现在所在的党支部大会讨论作出决定，逐级上报党组织审查批准。如果退休干部退休后离开了原工作单位，其组织关系转入了另一个支部。这时，如果发现了其在原单位犯了严重错误，需要给予处分时，应由其现在所在的党组织作出决定，但应征求原工作单位党组织的意见。在查处中，原单位党组织应予以协助。

四、党员对所受处分的申诉

根据党章规定，向党的上级组织直至中央提出请求、申请和控告，并要求有关组织给予负责的答复，这是党员应有的一项正当的民主权利。党员受到党纪处分，本人如果不服，可以越级向上级党组织提出申诉。

党组织对来自党员的申诉，必须认真负责地进行处理或者迅速转递，不许扣压，不准打击报复。如果党员的申诉是正确的，而原来的结论和处分确属不当，应当实事求是地予以改变或撤销，并作出书面决定，由原来批准处分的党组织批准。上级党组织有权改变或撤销下级党组织的不适当的处分决定。如果申诉不正确，则要进行耐心的说服教育，帮助其提高认识，改正错误。对于确属坚持错误意见和无理取闹的人，要给予批评教育，情节严重的，应当严肃处理。

第五章

党小组长的工作方法和艺术

第一节　党小组长的工作方法

一、目标管理的方法

1. 党小组工作目标管理的方法

党小组工作目标管理，就是以一定时期内希望达到的最优化目标为中心，使小组全体成员和小组的各项工作为实现这一目标而协调努力，最后达到目标的完成。

实施目标管理方法，首先，要搞好目标计划的制订，确定党小组工作总目标。确定目标的基本依据有两个：一是上级（主要是党支部）下达的任务和要求；二是本小组、本单位的实际情况。在制定目标过程中还应注意：第一，目标应该具体明确。无论是总目标、分目标，都要中心突出，层次清楚，标准明确，责任到人。第二，目标分解要符合实际。目标不能过多，时间上要拉开距离。第三，目标必须适地适当。目标要给人以激励，跳一跳够得到，既不能无原则制定高指标，也不能将目标定得过低。第四，目标要尽可能量化。目标管理是以量化管理为基础的管理活动。目标量化才能做到努力有方向，执行有标准，考评有依据。第五，目标要有明确的时限要求。时限是部门和个人自我控制、检查考评的重要指标，没有时限的目标等于没有目标。将目标层层分解。它既要按隶属关系分解为每个党员的具体目标，又要按时间发展分解出阶段的分目标；既要有定量目标，又要有定性目标。

其次，要搞好目标计划的实施。第一，实施前要做好准备工作。一是思想准备。要通过反复的动员教育，使小组内人人都明白目标管理的内容和意义，明确自己的目标与责任。二是组织准备。如对党小组长的训练，党支部加强指导等。三是制度准备。如检查登记、奖惩、岗位责任等制度。四是技术准备。主要是要有计划培训及相关资料等的准备。五是物资准备。如费用、簿册、器材等。第二，目标实施中要注意进行调节和控制。自我控制是目标管理的最显著特点。指的是目标执行者在实施过程中，按照目标的要求进行自我管理、自我检查，独立地完成任务。第三，检查与监督。对目标实施进行调节和控制，把握目标发展的方向。第四，克服脱节、排斥等不协调现象。

最后，要进行目标管理成果的评价。评价的内容主要有五个方面：一是党小组目标完成情况的评价；二是个人目标完成情况的评价；三是目标值及其量化标准的评价；四是制度与措施的评价；五是内外关系协调程度的评价。评价的方法：一是自我评价；二是领导评价；三是群众评价。要进行全方位的实体评价，必须把上述三种方法综合运用，并把各方面的评价情况和结论进行统一的汇总和整理。得出评价结论并不能说目标管理活动已经结束，还必须做好以下几方面的工作：一是根据评价结果落实奖惩制度；二是要认真总结经验；三是及时将信息反馈到下一个循环周期；四是及时将评价结果整理归档。

适合党小组目标管理的主要形式：

（1）竞赛活动。在农村，一般以扶贫、致富、贡献、收入等为主要内容；在城市企业，一般以无事故、无违章、义务献工、合理化建议、出勤率、帮班等为主要内容。如农村党组织中开展的"党员带领群众致富竞赛活动"，以及一些企业开展的"立功竞赛"活动等。

（2）目标管理。一般以月、季、半年为单位，结合生产、工作、学习的某一项实施目标管理，一般内容较单一，目标明确，时间要求强，操作简单，是适合党小组开展的一种目标管理形式。

（3）"双争"目标管理。"双争"即争当先进党小组、争做优秀党员。主要做法是：设立目标，对标入座，百分考核，举优促劣。

2. 党员目标管理的方法

党小组工作管理的主要对象是党员。在党小组工作中推行目标管理，也必须首先把党员目标管理工作抓好。在具体做法上，各地党组织不尽一致，这里只介绍一般的基本做法。

在党小组实行党员目标管理，一般以年度为单位，根据党员发挥先锋模范作用的客观条件和辐射范围，通过科学预测，制定出年工作数量、质量和鼓励方式，并以一定的书面形式固定下来，加以贯彻执行。这里关键是抓好三个环节：定标、考核、奖惩。

（1）定标。定标即确定任务目标，一定要坚持积极可靠、留有余地的原则，在广泛征求党员意见的基础上，对不同行业、不同层次的党员逐个研究，合理确定。

（2）考核。考核一般由支部领导成立考评小组。年度检查，半年初评，年终总结。

（3）奖惩。奖惩的方式有颁发证书，通报表扬、大会表彰、事迹展览及通报批评、黄牌警告、组织处理等。在奖惩兑现的同时，总结经验，修订下一年目标责任书。

二、依靠党小组全体党员开展工作的方法

党小组是党支部的组成部分，党小组在党支部的统一领导下，负责对党员的教育和管理，直接组织和指导每个党员的日常活动，使之发挥先锋模范作用，保证党的路线、方针、政策及各项决议得到贯彻落实。做好党小组的工作，是发挥党支部战斗堡垒作用的基础。因此，党小组长要认真执行党支部的各项决议，组织党员积极完成党支部布置的任务。同时，党小组长一定要抓住党小组全体党员这个环节开展工作。如定期召开党小组会议，结合党的中心工作和行政任务，向党员布置工作，提出明确具体的要求；经常组织交流党员的工作经验，

注意听取党员的意见和要求，帮助他们克服工作中遇到的困难；提高党员的工作责任心和积极性，提高他们的思想水平和工作能力，使党小组活动更加丰富多彩、生气勃勃。党小组长要善于团结每个党员，依靠小组的每一个党员去开展各项工作，充分调动每个党员的积极性，为建设一个优秀的党小组而努力工作。

三、批评与自我批评的方法

正确进行批评与自我批评是解决党内矛盾以及进行自我教育的有效方法。这是由党内矛盾的性质所决定的。党的生活实践证明，正确地开展批评与自我批评，是解决党内同志间思想认识的分歧，克服个人利益同党的利益矛盾的总方法。党小组长应当学会运用这一武器，正确、及时地解决党内矛盾。掌握批评与自我批评的方法，应从以下几个方面入手：

（1）要从团结的愿望出发，达到"惩前毖后，治病救人"的目的。从这个良好的愿望出发，就不允许利用批评进行个人攻击，也不允许凭印象、感觉去主观臆造，去败坏别人的威信。只有从团结的愿望出发，才能做到以事实为依据，分清问题的性质，然后有理有据地去批评别人，做到"晓之以理，动之以情"，使被批评者心悦诚服，愿意在别人帮助下进行自我批评。

（2）要坚持自我批评为主。批评与自我批评是相互联系、相互促进的。没有认真的自我批评，也就不能正确地对待批评。因此，每个共产党员都要严于解剖自己，经常想一想自己的弱点、缺点和错误，保持清醒的头脑。党组织要鼓励和保护每个同志严格要求自己、自觉进行自我批评的积极性。同时，也应教育党员要善于听取别人的批评和意见，抱着"有则改之，无则加勉"的态度，尽可能从各种意见中吸取营养。

（3）要勇于开展批评。对原则问题上的是非不能含糊敷衍，要有为真理而斗争的坚定立场。批评一定要注意政治，不要斤斤计较小事，防止把批评庸俗化；批评要注意场合，一般情况下，凡错误情节较轻、造成影响较小的，应避免在众人面前批评，即使需要在公开场合批评时，也可以摆问题，不轻易指名道姓，给犯错误或有某方面缺点毛病的同志留有改正的机会，保护被批评者的自尊心；批评要根据事实，不能凭主观印象，不能捕风捉影、道听途说，更不许诬陷同志；批评时，对问题的性质和错误的程度，要进行合乎实际的分析，要注意留有余地，不要把一般问题说成严重问题，把认识问题说成政治问题，把偶然的个别的错误说成一贯的系统的错误；批评一定要当面进行，不负责任的在背后批评不仅无益于解决问题，而且容易造成误解和激化矛盾；要允许被批评的同志保留意见，或者解释、申辩和反批评；如果发现批评错了，应当改正，决不要将错就错，伤害同志。

（4）坚持严格的组织生活制度，使批评与自我批评制度化、经常化。在党内开展批评与自我批评，不是到处乱说，而是在党的会议上或者通过个别谈心来开展的。其主要阵地是党小组组织生活会。因此，党小组长要建立健全组织生活会制度，保证定期召开组织生活会，在党的组织生活会上，要充分发扬民主，认真开展批评与自我批评。

四、制度规范的方法

在党组织内部，需要有明确的规章制度，这是加强党员管理，有效地规范和约束党员思想、行为的重要措施。有了明确的规章制度，就能够把党员的行为约束和固定在一定的范围内，使其不敢随意超越，以免受到惩处；就能够使党组织内的党员行动协调一致，有序进行，保证党内的意志统一、行动一致；就能够使党员管理规范化、程序化，增强党员管理的效果。总之，明确的规章制度是党组织用以规范党员行为的有效工具。党小组长在党员管理中必须重视制度的规范作用。

（1）完善制度。指党小组内的各种制度要齐全配套、协调一致，不应互相矛盾、互相掣肘。也就是说，要根据党小组的任务和具体工作，制定一整套系统、完备的规章制度，使方方面面都有明确的规章制度可以遵循，制度的标准化是指按照具体化、程序化的原则来制定规章制度。如党小组生活会的标准化，就是要对定期召开生活会作出具体的规定，明确生活会的基本程序，这样就可以使党小组生活会有了明确的规范和依据。

（2）正确引导。党小组长在运用制度来加强管理的过程中，还要注意对党员实行正确引导。也就是说，在健全、完善制度的基础上，还应加强思想教育，使党员明确各项制度的内容和健全制度的意义，提高党员执行党的规章制度的自觉性。只有这样，才能有效地发挥制度的作用。

（3）实施检查。运用制度来加强党员管理，关键在于制度的实施。有完善的制度而不能贯彻实施，制度建设就是一句空话。因此，党小组应把党员管理的重点放在制度的贯彻实施上，切实有效地使各项制度加以落实。在贯彻实施制度的同时，党小组长还应坚持对制度实施的检查考核，使检查考核积极推动各项制度落实。因此，要建立起相应的考核检查办法，通过严格检查考核，保证各项制度的落实。

五、座谈讨论的方法

座谈讨论法，是以座谈、商讨的形式进行党员教育的方法。党小组生活会中的交流学习体会、研讨疑难问题、讨论党的决议等，都属于民主讨论方法。这种教育方法的特点是易于造成一种思想活跃，畅所欲言的民主气氛，对于启发思想、开动脑筋、增强党性、调动党员积极性，都有着推动作用。

（1）科学地选择讨论主题。在小组生活会上组织党员讨论，首先需要确定讨论主题。一般说来，讨论主题应具有这样几个特点：一是思想性。讨论的目的是达到教育党员，提高党员素质，增强党性。因此，讨论题目应当有明确的思想性，要紧紧围绕党的建设和社会主义现代化建设这个总题目展开。二是现实性，党员讨论的题目应当是党员所关心的现实问题，脱离现实，让党员去抽象论证一些基本理论，是难以调动党员讨论积极性的。三是争辩性。既然是讨论，讨论题目就应当有一定的争辩性。通过热烈的讨论和争辩，就能够启发党员思维，达到较好的教育效果。

（2）合理组织，积极引导。开展民主讨论，进行党员教育，党小组长应注意合理组织。对于一些党员中"热点"问题的讨论，要注意引导，不要使讨论会变成牢骚会。要鼓励党员解放思想、畅所欲言，消除禁忌心理。为了开好生活会，党小组长应带头谈观点，或表扬敢于实事求是讲真话的党员，以带动其他人谈自己的观点。只有使每个党员解放思想、畅所欲言，才能收到理想的讨论效果。

（3）形式多样，生动活泼。为使民主讨论更深入地开展，党小组长可以在讨论中辅之以形式多样、生动活泼的教育方法，以增强党员教育的效果，如小组讨论中遇到的难点、争论问题，可印发给其他小组，共同讨论解疑。讨论也可采取对话的形式，由党员提出问题，领导干部作答。对讨论中能够提出比较深刻、新颖观点的党员，可以组织报告会或演讲会，让这些党员在大会上宣讲。总之，只有讨论形式多样、生动活泼，才能对党员有吸引力，达到良好的教育效果。

六、党员自我评价的方法

为了使党员能够更好地认识自我，以便对自己的思想和行为进行调节，常采用党员自我评价的方法，如每年一次的民主评议党员活动，都由党员对自己进行自我评价。

党员自我评价，就是在学习讨论的基础上，要求党员对照党员标准或党员干部的条件，认真总结一段时期以来自己的思想、工作、学习、纪律、作风等方面的情况，认定自己是否合格或属于哪个档次的党员。并将自我总结写成书面材料上交组织，组织认可后，由党员本人或请人代笔填入《民主评议党员登记表》中的"自我评价"栏内。党小组组织党员自我评价要把握三点：

（1）要教育党员实事求是地自我评价。既写优点、成绩，又写缺点、不足和错误，切实找准自己的问题及产生问题的根源。同时，还要把今后的努力方向和措施写清楚。切忌空话连篇。

（2）要针对每个党员的具体情况，帮助他们搞好自我评价。第一，要求每个党员广泛征求共同工作的同志的意见，从多方面正确认识自己；同时，党小组应把平时掌握的群众对党员的意见反馈给本人。第二，对问题多的不合格党员或基本不合格党员，要作为工作的重点，反复做工作，引导他正确认识自己的问题，作出合乎实际的自我评价。

（3）党小组要帮助党员写好自我评价材料。使之切实反映每个党员的真实情况，避免个人总结抓不住重点。对党员中自我评价的态度不够端正、认真的，或问题找得不准、对产生问题的根源认识不深、今后改正的措施不具体的，党小组应向本人指出，要求其端正态度、认真修改、完善好材料。

通过自我总结，自我评价，再以党小组为单位，通过生活会的形式，使党员面对面地进行评议。在此基础上，党小组综合结果，作出结论。最后把结论反馈给每一个党员，由党员针对自己缺点作出规划，发扬长处，弥补不足，改正错误。实践证明，这种方法对党员思想触动很大，对于激发党员内在积极性有明显的作用。

七、开展党员纪实活动的方法

党员纪实活动，也就是通过纪实手册，让党员真实地记录自己参加组织生活、为党工作、为人民服务、遵纪守法、思想变化等情况，并由党组织通过调阅纪实手册对党员进行鉴定、讲评和监督，以促进党员自我认识、自我评价，促使党员更好地发挥先锋模范作用。党小组长应把党员纪实活动作为加强党员教育的重要形式，积极协助党支部搞好这项活动。从方法角度看，搞好党员纪实活动要抓住三个环节：

首先，要从实际出发，确定党员纪实活动的内容。纪实内容就是党员记什么。对于这个问题，各级党组织应从本单位、本部门的实际出发，结合上级党组织布置的任务和自身要解决的问题，确定纪实内容。例如，有的农村党组织对党员纪实内容主要确定为三个方面：一是发展社会主义市场经济，带领群众致富；二是做社会工作，为人民服务做好事；三是过好组织生活，增强党性观念。这些内容结合了党员的实际，有利于党员纪实活动的开展。

其次，要从引导入手，推动党员纪实活动的深入开展。在党员纪实活动展开以后，党小组长应积极做好引导工作。要采取有效措施，培养党员纪实的兴趣和自觉性，养成习惯，不断提高纪实活动的水平。对于文化水平不高，不会记录的党员，可采取党员个人口述，党小组长指定专人代记的方法；对于一些党员不好意思记载自己成绩的情况，党小组长则需引导这些党员正确分清纪实和自我表白的区别，使他们认识到，纪实不仅要记功，而且要记过，这是全面反映自己情况，对自己有正确评价的必要措施；对于一些强调工作忙、怕麻烦的党员，党小组长应强调干部带头，抓好骨干，以此来带动党员，推动这一活动的开展。

最后，要从完善制度着手，保证党员纪实活动的不断深入。在开展党员纪实活动过程中，党组织应注重建立和健全纪实制度，党小组要保证这些制度的贯彻实施。党员纪实制度的具体内容有：定时检查调阅制度，党小组长应定期对党员纪实手册进行检查和指导；汇报制度，党小组长要定期向党支部做关于纪实情况的汇报；评定制度，每年应对纪实情况进行总结和表彰，评选出优秀党小组和优秀党员。

八、谈心的方法

谈心，是党小组工作中最经常使用的一种思想政治工作方法。发展党员要同积极分子谈心，党员思想汇报也要谈心，党员评议的过程中也有交流谈心。因此，掌握谈心的方法非常重要。谈心乍看起来就是彼此交谈，但交谈不是谈心，谈心是一种思想交流，需要正确的方法和高超的艺术。方法正确，才能达到沟通思想、互相理解、彼此亲近、心理相通的目的。谈心要有一个宽松的心理环境。在良好的环境中谈心，可以引发对象积极的情感，主动开启心扉，表露思想，使谈心收到更好的效果。谈心的关键在于交心。正确地开展谈心，必须做到推心置腹。在谈心中，党员之间应赤诚相见，掏出心腹之言，使对方感到你的真诚和善意，取得对方信任和好感，引发相应的心理体验，达到交心的目的。谈心要学会倾听他人谈话，谈心是一种双向的思想交流，善于倾听是这种双向的思想交流必不可少的环节。善于倾听，等于告诉对方，"你是值得我去倾听的人"。这样能满足对象的自尊，增强自信，主动吐露心声，表达思想感情。

谈心的方法多种多样，大致有以下几种。规劝式谈心，针对谈心对象的不良思想和行为，进行面对面的劝导，指出后果的严重性的一种谈心方法。批评式谈心，是指对同志的不良思想和行为，个别进行批评帮助的谈心方法。讨论式谈心，是与对象做面对面的讨论，以分清是非的一种谈心方法。说理式谈心，是指采取摆事实、讲道理的方式进行谈心的方法。迂回式谈心，指采用借喻、比喻、暗喻等影射方法进行谈心的办法。浪漫式谈心，在说说笑笑、玩玩闹闹中进行谈心，寓理于乐之中。

九、总结经验教训的方法

党小组的工作虽然不太复杂，但也会有成功的经验与失败的教训，要获得新的进步，就必须吸取教训，发展经验，否则，就只会在原地踏步。总结经验教训的目的，就是发现问题，找出成功与失败的原因，认清前进的方向。对于党小组长来说，善于总结经验教训，是提高工作水平、做好党小组工作的重要环节。

在总结经验教训时，必须回答三个问题：一是工作实践中有哪些是成功的，哪些是失败的？二是成功和失败的原因是什么？三是怎样巩固成果，弥补损失？作为党小组长，在总结经验教训过程中，要以改进工作和提高工作效率为目的，要抱以认真负责的态度，按照客观事物的本来面貌进行总结。只有这样，才能做出认真而不是敷衍、深入而不是肤浅的总结，才能提高自己的工作水平，做好党小组工作。

第二节　党小组长的工作艺术

一、吃透"两头"做好上下沟通桥梁

党小组长要卓有成效地开展工作，必须吃透上级党组织的精神，深刻领会上级的意图，求得党支部的支持、指导、帮助。离开了党支部正确的领导和帮助，党小组长的工作很难做好。党小组长是受小组党员委托负责党小组工作的，他不仅要对党支部负责，而且也要对本组党员负责。离开了全组党员的信任、支持，没有全组党员工作的积极性、创造性，党小组长也难以完成党支部交给的各项任务。党小组长要做好工作就要做到：经常了解掌握上级指示精神，及时向党支部请示、汇报工作，求得上级党组织对自己工作的支持、指导，同时，党小组长还应经常与本组内的党员谈心，听取他们的意见，了解他们的思想、工作、学习和生活情况。做到"心中有数"，只有这样，才能做到吃透"两头"使上情下传，下情上达，并善于把这两者结合起来，才能完成支部交给的任务，做好党小组工作。

1. 党小组长要充分发挥主动性、创造性

（1）树立信心，是发挥党小组长主动性的前提。目前，一部分党小组长缺乏干好工作的信心，工作推推动动，事事听支部安排，党小组活动毫无生气。而且有相当一部分党小组长在同样的客观条件下，把党小组工作搞得井井有条，坚持了自己的特色，出色地完成了党支部交办的各项任务。可见搞好党小组建设，首要的是党小组长要有干好工作的信心。

（2）党小组长要学会创造性地工作。党小组长在党内职务不高，管的人不多，但要做一个合格的党小组长并非易事。做一个合格的党小组长难就难在要有创造性地工作上。所谓"创造性"就是在发挥主观能动性的基础上，有所创新，而不是机械地按党支部下达的任务照本宣科。事实证明，没有党小组长的创造性劳动，党小组生活就陷入一般化的局面。因此，在党小组工作中，我们党历史上形成的一些成功经验和做法必须坚持，同时，也要不断加以完善，并在实践中不断创造出新的方法。

（3）党小组长要掌握科学的工作方法。毛泽东曾经对运用科学的工作方法与做好工作的关系作了一个形象的比喻。他把做好党的工作比作过河，把科学的工作方法比作桥和船，强调指出，我们的任务是过河，但没有桥和船，要完成过河的任务是不可能的。要搞好党小组建设，也要解决好"桥与船"的问题。作为党小组长，要想干好各项工作，就必须在实际工作中，发挥主观能动性，探索出一套科学的工作方法，从而搞好党小组建设。

2. 党小组长要围绕党支部意图工作

党支部的决议，是按上级党组织的指示和部署结合本单位的实际作出的工作安排。党小组必须围绕党支部的意图工作。在落实党支部的决议中，党小组长要跟得紧、行动快。党支部的决议一经下达，党小组长应立即结合本小组的具体情况，制定措施，尽快把决议变成本组党员的自觉行动，养成令行禁止的良好作风。

要围绕党支部意图办事，就要排除干扰、坚定不移。执行支部决议不能模棱两可，或者借口本小组情况特殊，拒绝执行党支部决议。更不能迎合落后思想，凡违背党支部决议的人或事，都要进行批评教育，干扰党支部决议的，要及时制止。在贯彻决议中，如有正确意见和建议要虚心听取并积极向党支部反映。

围绕党支部意图办事，要善于抓关键问题。党支部的决议有时不止一个内容，要结合本小组实际，分出轻重缓急，抓住主要、重点的内容，以带动其他工作的开展。

围绕党支部决议办事，还要有韧劲，不抓则已，一抓则要抓到底，抓出成效，决不能前松后紧、半途而废。

3. 党小组长要主动向党支部汇报，争取指导

要接受党支部的具体指导，党小组就要同支部保持密切联系，这种联系的主要渠道是党小组长经常地汇报工作，使党支部及时了解党小组的活动内容及存在的问题，了解党员的工作、学习、思想情况。汇报的主要内容如下：

（1）党小组执行党支部决议的情况及存在的问题。

（2）党员的学习、思想、工作及在社会生活中的表现。

（3）预备党员及要求入党的积极分子的表现和对他们的培养、考察、教育的情况。

（4）群众对党支部工作的反映。

（5）党员、群众对党的现行政策的看法。

（6）党员及群众对领导干部的思想作风、工作作风的反映等。

党小组长在向党支部汇报思想中，要去掉"怕"字。有的党小组长在汇报工作中，怕人家说是打小报告，怕如实汇报得罪人。我们认为这种顾虑是不必要的，应当相信大多数党员是能正确地对待党小组长这一工作的。但也不能排除一部分党员、群众不理解或存有偏见。遇到这种情况，党小组长应静下心来，做好工作。党支部在听取党小组长汇报工作时，对比较敏感的问题，在处置上要掌握分寸，不能将

党小组长汇报的内容扩散到一般党员或群众中去，以免造成不必要的麻烦。

党小组长汇报工作时要出于公心，不能捕风捉影。道听途说的问题，不能作为客观事实反映。党小组长在汇报工作时，既要汇报问题，也要拿出解决问题的办法，这样有利于问题能及时得到解决。那种将矛盾推到党支部就万事大吉的做法是不负责的表现。如果汇报的内容是大多数党员的意见，党支部应及时拿出解决问题的办法，反馈到党员中去，这样有利于提高党小组长的威信。

4. 党小组要自觉接受党支部的领导

一方面，党支部要加强对党小组的领导；另一方面，党小组要自觉地接受党支部的领导。党小组作为党支部的一个组成部分是在党支部的直接领导下进行工作的，这也是由党小组的性质及党的组织原则规定的。

在实际工作中，必须注意克服和纠正党小组与支部闹独立性、不服从党支部的领导等错误倾向，这是党的纪律、党的组织原则所不容许的。党小组只有自觉地接受党支部的领导，及时请示、汇报，请求支持、帮助、指导，党小组的工作才能遵循正确的轨道，做出有声有色的成绩。

二、认真开好党员组织生活会

召开党小组会议，是党小组活动的主要形式之一，也是党员组织生活的重要组成部分。因此，开好党小组会，既是做好党小组工作的重要方面，也是党小组的重要职责。通过党小组会，就贯彻执行党支部决议和其他一些重要问题以及相互在思想、工作、作风上的问题沟通思想，开展批评与自我批评，是加强党的建设的重要一环。为了保证党小组会的质量，党小组长在会前要搞好调查研究，做好充分准备，应与支部书记、委员沟通，商定好党小组会的内容、程序及注意的问题，并将议题提前通知小组内的党员，做到有备而来。会上，要创造宽松和谐的环境，又要有庄重严肃的气氛组织党员围绕中心议题展开讨论，防止"跑题"现象。克服常见的自我批评多、开展批评少，商量工作多、接触个人思想实际少，应付差事多、收到实效少的现象。因此，在开会过程中，一定要认真开展批评和自我批评，党小组长要以身作则，同时也应强调支部委员要以身作则；鼓励大家畅所欲言、无所顾忌，解决"冷场"和"离题"；不仅要提出问题，还要有解决问题的办法，每次党小组会议都要集中解决一两个问题。对出现的不同意见，应通过反复讨论，力求做到思想统一。党小组长应掌握好时间，准时开会，开短会，要保证党小组会真正解决问题，抓好成效。会后党小组长必须加强检查、督促工作，做到事事有着落，件件有结果。

三、善于协调创造良好党内人际氛围

密切党小组内党员之间的联系，加强沟通，在小组内建立良好的党内关系，可以形成较强的凝聚力和向心力，激励士气，良好的人际氛围，为顺利开展各项活动创造了有利的条件和基础。如果小组内关系不协调，党员之间出现隔阂，人与人之间存在相互戒备，甚至出现"顶牛"等现象。大家"气不顺"，党员之间就难以开展正常的交流，各项活动无法顺利开展，也无法形成小组的"合力"。那么，究竟如何协调党内关系，创造党小组内良好的人际气氛呢？就是要求党小组长掌握协调关系、调节矛盾的艺术：

（1）强化共同理想和目标。理想、信念的一致性，是人际吸引的最重要的因素。在党内，党员之间有实现共产主义的远大理想和建设中国特色社会主义的共同理想，既有党的最高纲领，也有党的奋斗目标，这种共同的理想和目标是联结党员思想、情感，创造党内良好关系的最本质基础，只有在此基础上形成的亲密的同志式的关系，才是真正牢不可破的。作为党小组长，一方面，要善于运用党的纲领统一

大家的思想，作为密切党员联系的纽带；另一方面，又要善于根据党支部要求设置党小组的工作目标，并使这个目标在党小组内党员思想上所认同，以此联结他们的思想、情感，这也是建立良好党内关系的基础。

（2）创造相互关心、相互爱护的环境。党小组长在协调党内关系时，要珍视团结，珍惜友谊，注意培养互相关心、互相帮助的心理气氛。对党员不仅要在政治上关心和爱护，而且要在生活上多关心和照应，在党小组内创造一个和谐、团结、亲密合作的关系。

（3）促进党小组内的互相交流和沟通。人际关系理论中有个"相近性"原则，即人际关系优劣与交往频率和熟悉程度密切联系，党内关系也是如此。依据这个原则，党小组长除了善于利用定期召开的党小组会之外，还可在小组内开展一些轻松愉快的文体活动，如组织郊游、参观等，以此增进本组内党员的相互交往、联系，保持党内关系的和谐、有序。

（4）善于处理各种矛盾。在党内经常存在着一些日常性的小矛盾，对于这些矛盾，应当在坚持原则的基础上，因人而异，因事制宜。有时可采取说理、批评、谈心的方法，有时则要从中调解，采取婉转的方法，解决矛盾。这就要求党小组长要善于和巧于斡旋，正确地加以调节。党小组长正确处理党内经常出现的一些矛盾的最好办法，是要善于抓住思想信息和分析思想信息，看到可能发生矛盾的"蛛丝马迹"，打好"预防针"，把矛盾消灭在萌芽之中。当然，对于一些已经公开化、表面化的较大矛盾，则可采取较为严肃、正式的方法，如双方协商，请上级党组织帮助处理乃至必要的组织处理等。

四、提高思想政治工作方法和能力

思想政治工作是党小组长做好本职工作的法宝。这方面做得如何，直接关系到党小组工作的成效。结合党小组思想政治工作的特点，比较有效的方法有：

（1）以理服人。解决思想问题和认识问题必须坚持说服教育、以理服人的方法。在说服教育过程中要真正做到巧于说理，以理服人，说理时要有针对性，注意因人施教；要掌握说理的艺术，提高说理的效果；在说理时，小道理要服从大道理，讲道理应循序渐进，要学会寓理于例，切忌空谈；说理时要坚持不扣帽子、不打棍子、不抓辫子。同时，要通过多种渠道的民主协商对话，有的放矢地解决思想认识问题。

（2）以情感人。要使思想政治工作取得良好效果，必须做到情真理切，情理结合，这里所说的"情"，是指具有共同目标、共同理想的同志情。要建立这种真挚的感情，就要理解人、尊重人、关心人、信任人、爱护人，使全组党员对党小组长产生信任感，这样才能增强思想政治工作的感染力和说服力。

（3）典型示范。先进典型体现时代的精神风貌，代表着建设中国特色社会主义事业的方向，是组内党员学习的榜样。通过表扬先进，树立榜样，典型引路，使全组党员学有所依，从中明确自己努力的方向。

（4）抓好中间，促进两头。抓两头带中间是党的思想政治工作的传统，但是它又必须与抓中间促两头的方法紧密结合起来，必须重视抓好中间层党员的思想教育工作。先进和后进总是少数，而中间层占大多数。做好中间层工作，有利于一部分人向先进层转化，扩大先进分子队伍。同时，中间层进步也会对后进层产生震动，促使后进层向好的方向转化。"两头小，中间大"是一种常见现象。因此做好中间层的思想政治工作已成为新时期的重要课题。要做好中间层的思想政治工作，关键是摸透他们的心理特点，有针对性地做好教育工作。中间层的心理特征主要有三点：一是甘居中游的心理。表现在对自己要求不严、标准不高，主张做事"不抢先，不落后，处处随大流"；既不想占大便宜，也不愿吃大亏；希望自己不前不后，不好不坏，就心安理得。二是和为贵的心理。搞好人主义，怕闹矛盾，怕得罪人。主张"多栽花，少栽刺"，一团和气、相安无事，对错误言行，"睁一只眼，闭一只眼，全当没看见"，主张"不说好，不说坏，大家不见怪"，认为顺情说好话，万事高抬手、与人方便，对己有利，处事力求圆滑。三是矛盾的心理。表现在不讲求进步、又不甘落后，想做奉献、又怕吃苦受累，缺乏献身精神，有争先进的念头、又缺乏创先进的劲头，往往心情苦闷、徘徊不前。总之，抓住中间层心理特点，采取恰当方式方法促进中间层，向先进看齐，就能扩大先进队伍，促进后进转化，全面提高党小组党员素质。

（5）帮助后进促转化。后进的党员虽然占的比例很小，但影响颇大，直接影响和损害党的形象。为此，必须积极帮助和批评后进党员，做好转化工作，在批评和帮助时，一定要有准备，要注意场合，不要伤人心和公开批评，多作委婉幽默的暗示。同时，一定要采取正确的方针和态度，满腔热情地进行：要有信心和耐心，不怕出现"反复"。要善于挖掘他们身上的"闪光点"，采用激励的方法，运用其自身的积极因素克服其消极因素。

（6）掌握心理活动规律，提高思想政治工作预见性和主动性。思想政治工作具有客观规律性，它首先取决于人们的思想和行为具有规律性，而人的行为又受到人们思想意识所支配。所以，掌握党员的心理活动规律是掌握党员思想政治工作客观规律的前提，也是做好本组党员思想政治工作的基本方法。为此，党小组长要挤时间学一点心理学，注意了解工作对象的心理特征，掌握他们的心理活动规律，增强思想工作的预见性和主动性。

（7）生动活泼，寓教于乐。这是增强思想政治工作吸引力和感染力的有效方法。所谓寓教于乐，是指要把思想教育与生动活泼、丰富多彩的文化娱乐和体育活动结合起来，使人们在文化娱乐中受到思想的陶冶和教育。

（8）自我教育、互相促进。所谓自我教育，就是调动全组党员的主观能动性，通过自觉学习政治理论，联系自己的思想实际，解决思想问题，改造主观世界，达到自我教育的目的。在提倡自我教育时，要注意把自我教育与互相提高相结合，使思想政治工作具有广泛的群众性。

第三节　党小组长的工作保障

党小组处在党支部与党员之间，起着承上启下的作用。搞好党小组建设，不仅是党小组长的责任，也是党支部和党员的责任。党支部应重视、指导、过问、关心党小组工作。每个党员也应支持、配合党小组长开展工作。只有上下共同努力，才能把党小组建设好。

一、党支部要加强对党小组工作的领导

1. 党支部书记与党小组长

有党小组的划分和设置，就得有人对党小组的工作负责，这个人就是党小组长。在党小组内，每个党员无论职务高低都是平等的一员，不存在领导和被领导的关系。作为支部书记，也必须以普通党员的身份，参加党小组的各项活动，接受党小组长分配的工作，接受党小组对自己工作的检查，配合党小组长开展工作。当然，如果党支部书记和支部委员受支部委员会委托，向党小组传达上级指示、支部决议以及布置和检查工作时，因为是代表支部委员会的，他们与党小组长是领导和被领导的关系。

由于党小组长负一组之责，要抓好党小组工作，首先就得抓住党小组长。

（1）抓好党小组长的选配。尽管党小组长不是党内职务，但也不

是什么人都可以担任的。一般应选配那些有一定的党性修养、作风正派、熟悉党的基本知识、有一定的文化修养、能密切联系群众、在群众中威信较高、有一定的组织能力、身体健康的正式党员担任。对于担任领导职务的党员、年老多病的党员，从工作需要和精力、身体状况出发，不应选配他们担任党小组长。

（2）加强对党小组长的培养、训练。党支部要通过学习培训，实践训练，指导检查等途径，不断提高党小组长的才干，使之真正成为支部工作的助手和骨干。

（3）支持党小组长的工作，经常检查、指导党小组长的工作。党小组长这项工作是一件"吃力却不易讨好"的工作，十分需要党支部的关心、理解和支持。对党小组长工作中遇到的问题，要及时帮助解决；对党小组长工作中的不足，要善意指出，帮助其克服；对党小组长工作中的成绩，要及时肯定，表彰推广；对党小组长生活中的困难，也要尽可能帮助解决，使之无后顾之忧。

2. 党支部书记要着重抓好党小组的组织生活

我们通常所说的党的组织生活，主要是指党员参加所在支部的党员大会和党小组会，以及党员领导干部单独召开的党内民主生活会。十九大党章明确规定，每个党员，不论职务多高，都必须编入党的一个支部、小组或其他特定组织，参加党的组织生活，接受党内外群众的监督，不允许有任何不参加党的组织生活、不接受党内外群众监督的特殊党员。不难看到，严格党的组织生活，是十九大党章规定的一项重要制度，是加强党员管理、监督，促使党员发挥先锋模范作用的一项组织措施。党支部书记抓党小组工作，就要着重把党小组的组织生活抓好。

（1）指导党小组安排好组织生活计划。党小组在一段时间里（季度、半年、年）组织生活的内容，应有一个大体的计划，包括组织生活的内容、时间安排、目的要求、活动方式、注意事项等。党支部书记要及时把党支部对一段时间的工作部署交代给党小组长，使之按照支部布置来安排内容。对已经形成的计划，党支部书记要审阅、检查和督促。

（2）指导党小组开好党小组生活会。党小组生活会是党员过好组织生活的基本形式之一，是严格党的组织生活的一项重要内容，也是提高党员素质的有效措施。可从以下几个方面对党小组生活会提出要求：一是要求党小组定期、准时召开组织生活会。二是要求党小组认真做好会前准备，确定党小组会的内容、方法及应注意的问题。三是要求党小组保证生活会的质量，认真开展批评和自我批评。四是要求党小组做好生活会记录，便于检查、调阅。五是及时指出生活会的成绩和不足，不断改进和提高。

（3）引导党小组生活会开得生动活泼。根据党小组组织生活会的内容，可以把组织生活会概括为以下七种形式：一是针对党内某种倾向性问题和党员的思想工作实际召开的专题式生活会。二是党员汇报思想，其他党员讲评的评议式生活会。三是学先进、找差距式生活会。四是汇报式生活会。五是交流式生活会。六是议政式生活会。七是过党龄生日式生活会。可根据实际情况，灵活选用。

（4）把党支部的组织生活同党小组的组织生活结合起来，提高党员参加组织生活会的自觉性。党支部要对本支部的组织生活有一个通盘的考虑，哪些适合支部搞，哪些适合小组搞，什么时间搞，内容、方式、要求等，都要统筹安排，着眼于提高党员素质。尤其要对党员进行严格遵守党的组织生活制度的教育，对于外出、离退休、病休等党员，都要考虑到，消灭组织生活中的"死角"。

（5）以身作则，督促党员干部按时参加组织生活。党支部书记要做参加组织生活的模范，带头参加、带头学习、带头讨论、带头开展批评和自我批评。同时，还要督促支部委员和本支部的党员领导干部带头参加组织生活。

（6）经常听取党小组的汇报，调阅党小组生活会记录，听取汇报和调阅记录既可以使自己掌握本支部各小组的组织生活情况，做到心中有数，也是对党小组的一种检查、督促，同时也可以发现好的做法和不足，制定整改措施，推广先进经验。

3. 党支部书记要帮助指导党小组建立各项制度

搞好制度建设，是党支部工作规范化、条理化的重要保证。为了保证党支部各项决议的贯彻执行，党支部书记除了要经常监督、检查党小组执行党支部建立的各项制度之外，也要重视党小组的制度建设，根据党小组的实际情况，帮助和指导党小组建立健全各项制度。

建立健全党小组的各项制度，应注意掌握以下四个原则：一是体现先进性的原则，就是说，对党员的要求要比普通老百姓更高一些，这是由党的性质决定的。二是注意可行性的原则，一方面，要求所建立的制度要体现本小组的工作、行业等特点；另一方面，要求从实际出发，既细致严密，又不过奇过繁。三是充分发扬民主的原则，集思广益，充分讨论，集体决定。四是不断总结、完善的原则，经常对制度执行情况进行监督检查，纠正不足，推广先进，使之不断健全、完善。

4. 党支部要关心党小组建设

党支部是党小组的直接领导者，对于党小组建设负有重要责任。为把党小组建设搞好，党支部应经常重视、过问、指导、关心党小组建设。

（1）注重党小组的作用。工作中党支部书记不能包揽党小组的具体事务，要放手让党小组长大胆地开展工作。党支部重视党小组工作的具体表现，一是要赋予党小组长一定的权力。党支部要经常召开党小组长会或吸收他们参加支部扩大会，听取他们对搞好党支部建设的意见。支部成员在听取党小组长意见时，要给予一定的重视，可以立即答复的意见应当场答复，不能立即答复的问题，要抓紧研究，不能拖而不决。二是党支部要主动承担责任，帮助党小组解决存在的矛盾。党小组长直接同群众接触，尤其是在解决党小组内部存在的问题时，难免出现这样那样的不同看法。党支部不能回避矛盾，应协助党小组做好党员的思想工作。

（2）党支部成员经常深入下去，了解党小组开展活动的情况。过问要体现在党小组建设的全过程，从任务布置，到任务的实施、总结、检查等环节都要过问。过问的渠道有几种：一是定期召开党小组长会，听取党小组工作汇报。二是自觉参加所在党小组活动，收集党小组建设的第一手资料。三是找党员了解党小组活动的效果。

（3）对党小组工作给予指导。一是内容上的指导。实践证明，搞好党小组建设仅限于一般布置是不行的，还必须对党小组生活的内容给予具体指导，提出明确的要求，使党小组生活更加丰富多彩，生气勃勃。二是对党小组活动的方式、方法给予指导。由于党小组所处地位和党小组长个人素质因素，相当一部分党小组长缺乏干好工作的方式方法，因此党支部应鼓励党小组长在工作中总结经验，探索有自己特色的工作方法，并且在具体工作中给予指导。

5. 党支部要加强对党小组工作的领导

设立党小组的目的，是协助党支部开展活动，保证党支部战斗堡垒作用的发挥。通过党小组的有效工作，保证党支部决议的贯彻落实；通过党小组这个桥梁和纽带去做群众工作；通过党小组的工作，加强对入党积极分子的培养、教育、考察，做好接收新党员和预备党员的教育、管理工作；通过党小组具体指导每个党员在各自的岗位和各项活动中，不断提高自身素质，发挥先锋模范作用；党内的一些活动，也要依靠党小组做好具体的组织、落实工作。不难看到，党小组作用的发挥，对于加强党支部的思想、组织、作风、反腐倡廉建设，对于党支部各项活动的顺利开展，对于发挥党员的先锋作用，都至关重要。完全可以说：一个不善于发挥党小组作用的党支部，绝不会是一个有坚强战斗力的党支部；一个不善于发挥党小组作用的党支部书记，也绝不会是一个合格的党支部书记。那么，党支部怎样抓好党小组工作，加强对党小组工作的领导呢?

（1）抓好党小组长，关心党小组长的生活。党支部的决议要及时向党小组长传达；交给党小组的任务，首先要向党小组长交代；各项活动的开展，要注意提高党小组长的积极性；要做好党员和群众的思想工作，首先要把党小组长的工作做通。同时，也要关心党小组长政治素质和业务能力的提高，做好对党小组长的培训工作。关心党小组长的生活表现在两个方面：一是对党小组长政治生活的关心，创造条件让党小组长参加政治、业务培训，为党小组长创造进步的条件。对有才能的党小组长，要委以重任。二是在个人生活上给予关心。党小组长的工作比较辛苦，除工作时间担负同别人一样的工作外，业余时间还要开会、备课、汇报工作、准备党小组生活材料等。由于参加必不可少的党务活动，往往工时定额受损失，党支部应协同行政，对党小组长的工时损失给予适当地补贴。党支部要经常地了解党小组长的需求，在有条件的情况下，为他们解决一些实际问题。

（2）抓住党员。设立党小组，是为了加强对党员的教育和管理，而不是说党支部把这项工作交给党小组就不管了。党支部抓党小组工作的着眼点，要放在发挥每个党员的积极性、创造性，促使其发挥先锋模范作用上面。

（3）指导党小组开展工作。党小组是党支部的组成部分。重视发挥党小组的作用，对于充分发挥党员的先锋模范作用和加强党同人民群众的联系有着直接的影响。所以党支部要经常关心、研究、指导和检查党小组的工作，充分发挥其应有的作用。党支部指导党小组工作的主要途径有以下几个方面：①及时向党小组长传达上级党组织的指示和党支部的决议。②围绕党的中心工作，定期向党小组长布置任务，提出具体要求，以保证行政任务的完成。③经常听取党小组长的工作汇报，搜集党小组对支部工作的意见和要求，帮助他们解决工作中遇到的困难。④总结交流党小组的工作经验，搞好对党小组长的培训，不断提高他们的思想水平和业务能力。⑤帮助党小组长安排好党小组的活动，使党小组的各项活动更加丰富多彩。

（4）抓活动的开展和制度的完善。党支部的许多活动都离不开党小组的工作，各项制度的实施也需要党小组的努力。把党小组的积极性调动和发挥起来，各项活动才能开展得扎扎实实、卓有成效，各项制度才能得到切实的执行。

（5）抓检查和落实。党支部仅仅向党小组传达了决议，布置了工作，交代了任务还不行，更重要的是抓好检查、督促、落实工作。如果党支部居于领导地位而不检查工作，就不会了解真实情况，也就提不出解决问题的好主意。离开了对实际工作的检查，还会使好的得不到鼓励，坏的受不到批评，长此下去，党员的积极性就会受到挫伤。

二、党员要支持党小组的工作

1. 消除党小组"可有可无"的思想

设立党小组的目的是便于具体组织和指导党内组织活动，以保证党员在组织的管理与约束下，更好地发挥先锋模范作用。

在部分党员中，对党小组在党员管理中的地位和作用，认识模糊，存在党小组"可有可无"的思想，没有把党小组看成是党支部的一个重要组成部分，只是简单地同行政、工会小组相比，认为行政组长手中有权，工会组长有钱，党小组长只是个"配角"。

这种思想不消除，将直接影响党小组工作的正常开展。要消除这种错误思想，首先要对党员进行四项基本原则的教育，增强党员的党性观念。只有提高党员的党性观念，党员才能正确认识党小组的地位和作用，才能消除党小组"可有可无"的错误认识。

2. 尊重党小组长

只有认识到党小组的地位和作用，才能尊重党小组长。

党小组长的地位和作用是：

（1）党小组长从事的事业是党的崇高事业，他们的劳动理应受到党员的尊重。

（2）党小组长是党员民主选举产生的，尊重党小组长就是尊重党员自己的民主权利。

（3）党小组长的工作是辛苦的，担负着比普通党员更繁重的担子，党员应尊重他们的劳动。

（4）党小组长也是普通的人，也会有这样那样的失误，作为党员应尊重他们、帮助他们提高思想、改进工作。

党员尊重党小组长，具体体现在以下几方面：

（1）要尊重党小组长的劳动，对党小组长在工作中的成绩给予肯定。

（2）积极参加党小组的各项活动，服从党小组长的指挥，经常向党小组长汇报思想。在党小组建设中，多提建设性的意见，帮助党小组长提高工作水平。

（3）遵守党小组管理制度，按时参加党小组活动，不能因为一点私事，就请假。接受党小组长布置的任务，不能讲价钱，完成任务不打折扣。

3. 党员领导干部应在党小组生活中作出榜样

参加党小组生活，是对党员的起码要求，作为党的领导干部更应严格要求自己，积极认真地参加党小组生活。但是个别党的领导干部，往往以种种借口，不参加党小组活动。具体表现为：一是借口行政业务工作忙，既不参加组织生活，又不向党小组长请假。在他们看来，行政工作是硬任务，党小组活动是软指标，只要为了工作，不参加党小组活动问题不大。二是外出开会本可赶回参加党小组活动，但以身体疲劳为由，不参加组织生活。三是部分党员领导干部对党小组活动内容都了解，而且在中心组学习活动中已系统地学过，因此不愿参加党小组生活。以上情况，对普通党员产生不利影响，从而加大了党小组长管理的难度。作为党员领导干部，应自觉参加党小组生活，支持党小组长的工作，在党小组生活中，做出个样子来，不当党内的"特殊党员"。